성공과 행복의 교향악

초판 1쇄 : 펴낸날 2012년 3월 2일

공저 : 홍병선, 김장용, 임옥, 박시혜영, 공태식, 지상범, 이경은, 이경숙, 남정인, 임승근, 김덕용
펴낸곳 : 도서출판 수디자인커뮤니케이션
펴낸이 : 박시혜영
편집총괄 : 김정애

등록번호 : 제 2012-000009호
등록일자 : 2012년 2월 25일

주소 : 경기도 수원시 영통동 신동 486번지
　　　 디지털엠파이어2 103동 705호
　　　 Tel : 031-695-5820~2 FAx : 031-695-5823
　　　 www.soocom.co.kr

ⓒ 홍병선, 2012
ISBN : 978-89-066542-1-6 93100

성공과 행복의 교향악

홍병선 · 김장용 · 임옥 · 박시혜영 · 공태식
지상범 · 이경은 · 이경숙 · 남정인 · 임승근 · 김덕용

도서출판 **수디자인커뮤니케이션**

머리말

2009년 1학기 중앙대학교 '교양세미나'라는 강좌에서 '성공과 행복'이라는 주제로 강의한 성과를 바탕으로 2011년 8월 『시민인문학』이라는 저널에 "행복에 관한 인문학적 성찰"이라는 제목으로 논문을 발표한 것이 이 책의 출간 계기가 되었다. 하지만 이 책이 세상에 나올 수 있었던 직접적인 동기는 2011년 2학기 중앙대학교 산업·창업경영대학원 문화예술경영 전공 수업에서 '성공과 행복'이라는 주제로 학생들과 세미나를 실시한 것에서 비롯된다.

세미나를 시작하면서 학생들에게 지난 학기 세미나 성과를 『예술과 상상력』이라는 책으로 출간했듯이 이번 세미나 성과물 역시 책으로 출간한다는 강의 계획을 밝혔고, 각자의 관심 분야에 따라 발표 주제를 부여했다. 학기가 시작되어 세미나를 진행하면서 학생들의 전공이 각자 다른 것은 물론 지금까지 강의를 토대로 책을 출간한 경험이 없는 관계로 출간 계획에 대해 의아해 하거나 과연 계획대로 될 수 있을까 라는 의구심을 갖기도 했다. 하지만 한 학기를 거치면서 '성공과 행복'이라는 전체 주제에 맞추어 학생들은 잘 따라 주었고, 각자 맡은 주제에 대해 최선을 다해 논문 형식으로 발표를 하였다.

그런데에는 늘 성공과 행복이라는 주제에 대해 나름대로 고민하고 생각해 오기는 했지만 교과과정을 통해 체계적으로 접하지 못한 점이 오히려 학생들의 관심을 유발시키는데 주효했던 것으로 판단된다. 이에 학생들은 많은 참고 자료들을 통해 나름의 분석과 평가를 통한 연구를 수행하면서 각자 맡은 주제에 대해 체계적으로 작성하는 것은 물론 발표 전 담당교수와 검토를 거친 후 발표 및 토론을 거치고 또 다시 수정을 거듭하는 과정을 거쳐 한 권의 책으로 결실을 맺게 된 것이다.

물론 계획된 기간 내에 출간할 수 있도록 하기 위해 책의 수준을 유지하는 작업에 최선의 노력을 기울였다. 일정한 수준으로 끌어올리기 위해 수많은 토론과 수정을 거듭했을 뿐만 아니라, 책 전체 내용에 대한 유기적인 조화 및 통일성을 기하기 위해 학생들과 두 차례 워크숍을 실시하면서 많은 비판과 지적들에 대해 수정을 거듭한 결과 어느 정도 수준을 유지할 수 있도록 했다. 동시에 '성공과 행복'에 대해 쉽게 독자들이 접근할 수 있도록 문맥을 가다듬는 노력도 아끼지 않았다.

이 책은 '성공과 행복'이라는 주제에 대해 각자의 관심에 따라 그 이론적 근거를 마련하기 위한 의도로 집필되었다. 하지만 제시된 논의로 성공과 행복에 대한 충분한 논의가 이루어졌다고 생각하는 않는다. 다만 사회과학에서의 차원이 아닌 인문학, 문화 예술 등에 이르기까지 앞으로 보다 폭넓고 심도있는 논의를 위한 계기를 마련한 것만으로도 이 책의 소임을 어느 정도 한 것으로 여기고자 한다. 내용상 매끄럽지 못한 부분은 추후 후속 논의를 통해 지속적으로 보완해 나갈 계획이다.

끝으로 여러 가지 어려운 출판 현실에도 불구하고 이 책의 나올 수 있도록 힘을 실어주고 적극 도와준 도서출판 수디자인커뮤니케이션 박시혜영 대표 그리고 교정, 편집, 디자인 등 처음부터 끝까지 꼼꼼하게 챙겨준 신덕호, 김정애 디자이너에게 깊은 감사를 드린다.

2012년 1월
내리 연구실에서 저자를 대표하여
홍병선

제 1주제
성공과 행복이 갖는
사회적 의미
공태식

8

목
차

제 2주제
성공과 행복의
경제적 가치
남정인

28

제 3주제
창업의 관점에서
바라본 성공과 행복
박시혜영

40

제 4주제
문화예술의 관점에서
바라본 성공과 행복
지상범

54

70

제 5주제
종교적 관점에서
바라본 성공과 행복
이경숙

제 6주제
격언을 통해 본
성공의 지혜
임승근

82

제 7주제
인간의 본성에
비추어 본 행복
이경은

96

제 8주제
기부문화와
행복
김덕용

112

제 9주제
성공과 행복이
갖는 의미
김장용

130

제 10주제
행복의조건에 대한
철학적 근거
임옥

146

제 11주제
행복에 대한
인문학적 담론
홍병선

160

참고자료
찾아보기
프로필

186

192

성공과 행복이 갖는
사회적 의미

공태식

성공과 행복이 갖는 사회적 의미

공태식

1. 행복 추구의 이유

"인생을 어떻게 살고 싶은가?"라는 물음에 대한 답변은 최근 유행어를 빗대어 표현하자면 '애매하다'고 표현할 수 있을 것이다. 방송프로에서는 이처럼 애매한 경우 일반적으로 답변의 룰을 정해주기도 하는데, 만약 그들에게 묻는다면 뭐라고 대답할까? 방송프로그램의 성격상 많은 사람이 공감하고 또한 웃음을 자아낼 수 있는 소재를 통해 정답을 내릴 것이다. 그리고 이어지는 유행어로 마무리 할 것이다. '어떠한 답변을 하더라도 경찰이 잡아가지 않으며, 모두가 말하는 대답이 정답이 될 수 있다'고 말이다.

십인십색(十人十色), 각양각색(各樣各色), 각인각양(各人各樣)이라는 말처럼 모든 사람마다 저마다의 빛깔과 모양이 다르듯이 삶에 있어서도 저마다의 환경이나 삶의 방식, 가치관 등 사고 방식이 모두 다르기 때문에 이러한 물음에 대한 답변 역시 얼마든지 다를 것이다. 최근 주위 사람들에게 '인생을 어떻게 살고 싶은가?'라고 똑같은 질문을 하였는데 '후회 없이, 부끄럽지 않게, 성실하게, 재미있게, 부유하게, 멋지게, 최선을 다해 열심히, 아름답게 살고 싶다' 등등 역시나 모두가 서로 다른 답변들을 하고 있다. 만약 더 많은 사람들에게 질문을 한다면 이보다 더 다양한 대답을 들을 수 있을 것이고, 물론 같거나 비슷한 대답도 얼마든지 찾을 수 있을 것이다. 하지만 나의 예상과는 달리 '행복하게 살고 싶다'라는 답변은 거의 전무했다. 그러나 연이어 '왜 그렇게 살고 싶은가?'라고 묻거나, 그렇게 대답한 이유가 '행복하기 위해서인가?'에 대해 물었을 때 대부분 행복으로 귀결되었다.

　　나는 100쌍이 넘는 결혼식의 사회를 보면서 행진 전 이벤트로 꼭 빼놓지 않고 서로를 향한 3가지 다짐(약속)을 요구한다. 만세삼창, 부모님 업기, 체력단련과 같은 유희도 필요하겠지만 부부가 되어 내딛는 첫걸음이 서로의 약속을 향해 내딛는 첫걸음이 되길 바라는 마음에서이다. 그러면 신기하게도 십중팔구 행복하게 해주겠다는 약속이 울려 퍼진다. 갑작스러운 질문에 당황을 해서라고 보기엔 신기할 정도로 3번 모두 행복을 약속하는 경우도 적지 않았다. 또한 우리는 하루를 시작하며 종종 '행복한 하루 되세요!'라고 인사를 건넨다. 그리고 하루를 마감할 때에도 '행복한 하루 되셨나요?'라며 인사를 건넨다. 생일이나 기념일은 물론이고, 새해를 시작하고 마감할 때에도 역시나 '행복'이라는 단어는 약방에 감초처럼 등장한다. 그렇다면 과연 행복한 삶이란 무엇일까? 우리는 어떤 사람을 행복한 사람이라고 이야기 할 수 있을까? 과연 나는 행복하게 살고 있는 것일까?

2. 인생의 궁극적인 목표로서의 행복

인간이 사고하기 시작하면서 오늘날에 이르기까지 행복에 대해 지속적으로 관심을 기울여 온 것은 인간에게 있어 행복이 인생 최고의 목표이기 때문일 것이다. 그래서 인간의 행복에 대한 연구는 계속되었고 행복을 극대화하려는 이론적 근거를 마련하는 많은 노력들이 수행되어 온 것이다. 구재선·서은국(2011)은 행복이 사회과학의 주제로 등장한 이래로 지금까지 이루어진 연구들의 상당수는 어떠한 심리적, 사회적, 인구학적 특징을 지닌 사람들이 행복한지를 밝히려는 시도들이었으며, 이러한 학문적 노력의 결과로 행복한 삶을 사는 것과 밀접한 관련이 있거나 무관한 것들에 대한 어느 정도 확고한 지식이 축적되었다고 했다.[1] 반면, 소병철(2011)은 행복은 분명 만인이 추구해 마지않는 인생의 가장 중대한 목표들 중 하나임에도 불구하고, 유감스럽게도(혹은 다행스럽게도) 우리는 행복에 관한 하나의 보편타당한 정의를 확보하고 실현하려는 집단적 시도들이 무참하게 좌절된 역사적 시대를 살고 있다고 하였다.[2]

어느 정도 확고한 지식이 축적된 것으로 보던 행복에 관한 보편타당한 정의가 어려운 것으로 보던, 해석하는 관점에 따라 상이할 수 있으나 지금 이 순간에도 행복에 관한 수많은 연구와 관심은 이어지고 있으며, 인류가 존속하는 한 행복에 대한 논의는 끊이지 않을 것이다. 이는 어쩌면 당연한 결과일지도 모른다. 누구나 행복해지길 바라고 행복을 인생 최상의 목표로 삼고 살지만 초·중등교육, 그리고 고등교육을 통해서조차도 대부분의 사람들은 정작 행복에 대해서 학문적으로 배우지 못한다. 어쩌면 행복이란 학문적인 배움으로 해결될 수 없기 때문인지도 모른다. 하지만, 개개인에 따라 차이는 있겠지만 분명히 우리는 행복이 어떤 것인지 알고 있다.

행복은 만족, 기쁨, 즐거움, 재미, 웃음, 보람, 가치, 평온감, 안정, 의욕, 희망을 그림 등의 여러 요소가 포함되며 이들 각각의 단어들이 의미하는 행복은 각각 미묘하게 조금씩 다르지만 이들은 모두 일정한 '좋음의 느낌'을 나타낸다.[3] 국어사전에서는 행복을 복된 좋은 운수, 생활에서 충분한 만족과 기쁨을 느끼어 흐뭇하거나 그러한 상태라고 한다. 행복의 의미를 그 어원에서 찾아보면 원래 happiness라는 명사는 happen이라는 동사에서 유래한 것인데, happen의 뜻은 옳은 일이 자기 자신에서 생긴다는 의미이다. 따라서 행복은 내적 행위이든 외적 행위이든 간에 행위의 올바른 성과이고 행복의 원인은 자신의 행위에 달려 있다는 것이다.[4]

한편, 보통 사람들은 성공, 쾌락, 부, 명예, 권력, 건강 등 분명하고 일반적인 것을 행복과 관련된 것이라고 여기는 경우가 많다. 과연 행복이란 그런 것일까? 만약 행복에 대해서 위와 같은 일반적인 것들로 정의한다면 곧장 반박될 소지가 있다. 행복은 우리 곁에 늘 있는 것이며, 행복의 조건들은 항상 유동적이다. 법정스님은 들길을 가다가 청초하게 피어 있는 한 무더기 구절초를 통해서도 우리는 얼마든지 행복해질 수 있으며, 시장골목을 지나치든가 무슨 건물 앞을 지나가는데 환하게 웃는 미소를 만난다면 그 미소를 통해서도 적어도 하루의 행복은 보장된다고 하였다.[5] 소병철(2011)은 만월 아래 펼쳐진 검은 바다의 출렁임과 새벽 어스름 속 해돋이를 사랑하는 사람과 함께 바라보는 마법의 순간들에서, 가난한 이웃의 난로에 톱밥을 채워 주는 나눔의 실천 속에서 행복할 수 있다고 하였다.[6]

이렇듯 행복은 보통 사람들의 생각처럼 성공, 쾌락, 부, 명예 등 일정한 사회적 기준으로만 이해하기에는 한계가 있다. 즉, 외적, 인

11

구학적 변인들이 행복에 미치는 영향은 매우 미약하다는 것이다. 여러 연구들에서 연령, 성별, 수입, 인종, 교육, 결혼상태 등을 모두 포함한 인구학적 변인들은 행복의 개인차를 단지 8-15%만을 설명하는 것으로 보고되고 있다.(Diener, 1984; Diener et al. 1999) 나아가 학자들은 왜 물질적인 부를 포함한 객관적, 인구학적 변인들이 행복에 미치는 영향이 미약한가를 설명하는 정교한 이론 또한 제시하고 있다.(Diener, 1984; Diener & Fujita, 1995; Diener et al. 1999)[7]

이러한 시점에서 누가, 어떠한 객관적 특징들로부터 행복을 규정하는 것은 더 이상 학문적인 논쟁거리가 되지 못하는 것으로 보인다. 그러나 많은 학자들의 공통된 견해와 달리 일반인들, 특히 한국인들은 여전히 행복이 삶의 외적 조건에 따라 결정될 수 있다는 강한 신념을 갖고 있는 것처럼 보인다. 2010년 서울시민 1,024명에 대한 조사에서 응답자의 40.5%는 행복을 위해서 돈이 필요하다고 응답했으며(이제헌, 2010), 한국갤럽(2008) 조사에서 성별에 따라 누가 더 행복하다고 생각하는지에 대한 물음에 대해 여자가 더 행복할 것으로 생각하는 견해가 46.9%, 남자가 더 행복할 것으로 생각하는 견해가 30.4%로 응답자의 77.3%가 행복이 성별에 따라 차이가 있다고 생각했다. 이는 학자들의 많은 연구결과와 상반되는 것이지만 행복과 관련된 요인들이 추구하는 가치와 목표 그리고 문화마다 상이할 수 있기 때문에 무시하기 어렵다. 이러한 예로 수입의 경우 부유한 국가에서는 부와 행복의 관계가 매우 미약하지만, 인도와 같은 가난한 국가의 경우 수입은 행복의 예측변인이 될 수 있는 것이다.[8]

행복을 원하지 않는 사람은 없을 것이다. 누구나 성공적인 삶, 행복한 삶을 원하고 있으며, 그러한 행복을 위해서 노력한다. "왜 당신은 행복해지기를 원하는가?"라는 질문에 대한 대답은 단순하고 분명하다. 우리가 행복해지기를 원하는 이유는 인간의 본성이 원래 그렇기 때문이다. 행복은 최상의 목표이며 다른 모든 목적들이 지향하는 목표이기도 하다. 영국의 철학자 데이비드 흄은 이렇게 말한바 있다. "사람이 하는 모든 노력의 궁극적인 목적은 행복의 달성이다. 행복을 위해 기술을 발명하고, 학문을 육성하고, 법을 만들고, 사회를 형성한다." 부, 명예, 존경과 같은 다른 목표들은 모두 행복을 위한 것이다. 우리가 욕망하는 것이 물질이든 사회적인 것이든 모두 행복이라는 목표를 달성하기 위한 수단에 불과하다.[9]

아리스토텔레스(Aristotle) 역시 행복은 삶의 수단이 아닌 궁극적인 목적으로서의 삶의 지침이라고 하였다. 사회적 존재로서의 인간이 행위를 통해 도달할 수 있는 목적들 중에서 최고의 선을 행복이라고 본 것인데, 최고선은 궁극적인 선이며, 궁극적인 선은 자족적인 것이다. 다시 말해 아리스토텔레스는 행복을 공동체 속에서의 삶 전체에 대한 인간 자신의 만족과 관련지어 파악하고, 선(good)하고 올바른 삶을 통해 참된 행복을 얻는다고 보았다. 이는 행복 이상의 궁극목적이란 있을 수 없고, 또 행복을 수단으로 해서 얻을 수 있는 것은 아무것도 없다는 뜻이다. 인간이 추구하는 권력, 명예, 부, 건강, 장수 등과 같은 수많은 목표들이 있기는 하지만, 이 모든 목표들이 궁극적인 목적이 될 수 없는 것이다. 다시 말해 행복이 최고선인 이유는 우리가 언제나 행복을 다른 무엇을 위해서가 아니라 그 자체로서 우리가 추구해야 할 목적으로 여기기 때문이라는 것이다.

또한 행복은 어떤 것을 소유한 상태가 아니라, 어떤 '활동성'을 의미한다. 다시 말해서 권력을 소유한 상태도, 명예를 소유한 상태도, 부유한 상태도, 비록 그것들이 행복을 위한 외적인 조건이 될 수 있을지는 몰라도 그 자체로 행복은 아닌 것이다. 행복은 인간이 자신의 본성을 실현하기 위한 지속적인 정신의 활동성인 것이다. 이밖에도 달라이 라마는 "종교를 믿든 아니든, 이 종교를 믿든 저 종교를 믿든 우리 삶의 목적은 행복이며 우리 삶은 행복을 향해 움직인다."라고 말했다.[10]

3. 한국인에게 있어서의 행복

우리 한국인들에게 행복의 의미는 무엇일까? 행복을 위해서 어떻게 살고 있을까? 누구든지 단 한 순간이라도 행복을 포기할 수 없으며, 행복은 인생 최상의 목표이자 모든 날의 목표이다. 그럼에도 불구하고 많은 사람들이 행복해 하지 않는다. KBS스페셜「행복해 지는 법」을 보면 학생들을 대상으로 행복을 조사한 결과 주관적 행복은 OECD국가 중 가장 낮은 수치를 기록했으며, 삶의 만족도에 있어 초등학교 4학년의 경우 100점 만점 기준에 70점인데 비해, 고등학교 3학년의 경우 40점 밑으로 급격하게 하락하고 있다. 삶의 만족도에 대한 성인들의 거리 설문에서는 53%가 만족, 47%가 보통 또는 불만족이라고 답했다.

모두가 행복을 추구하고 있으며 행복을 위해서 최선을 다함에도 불구하고 이러한 결과가 나오는 것은 어떤 이유일까? 이에 대한 일차적인 진단은 돈을 중시여기는 물질주의 우선의 영향이며, 곧 비교와 경쟁에서 오는 당연한 결과라고 볼 수 있다. 행복은 만족으로부터 가능한 것인데 비교와 경쟁은 늘 부족함을 의미하기 때문이다.

실제로 청소년 행복도 조사에서 행복을 위해 가장 필요한 것을 초등학교 4학년 때는 가족 50%, 돈 10%미만이었지만, 고등학교 3학년 때는 가족이 20%로 줄고 돈이 30%로 상승하였다. 또한 성인들을 대상으로 행복하기 위해 필요한 것이 무엇인지 물었을 때도 금전 40.6%, 건강 28.44%, 화목한 가족 20.3%, 배우자나 이성 친구 7.54% 순으로 역시 경제적인 측면이 1위였다. 이 밖에도 자동차는 부와 지위의 상징이라는 의견이 65.8%나 되었고, 미혼남녀 1300여명을 대상으로 '첫 데이트 때 남자가 국산 경차를 타고 나오면 민망해서 차에 타고 싶지 않을 것 같은가?'를 묻는 질문에 84.3%가 그렇다고 응답하였다.

위에서 살펴본 것처럼 우리 한국사회에서는 재력이 성공과 행복에 대한 절대적 가치가 되고 있음을 시사한다. 하지만 이러한 현실은 결코 우리 한국인들에게 행복을 선물해주지 못하고 있다. 세계적인 심리학자 에드디너 교수(일리노이대)는 행복에 대한 한국인의 점수가 낮은 이유에 대해 경제적인 측면을 너무 중시해서 사회적 관계를 희생시키기 때문이라고 한다. 금전이 사랑이나 다른 사람에 대한 배려보다 중요하며 다른 사람들이 자기를 어떻게 생각하는지를 중요시 여기기 때문에 항상 비교하고 경쟁한다는 것이다. 연세대학교 염유식 교수는 우리나라는 굉장히 획일화된 사회이며, 어떤 삶이 좋은 것인지에 대해서도 상당 부분 획일화되어 있고, 어떤 직업이 좋은지도 순서화되어 있기 때문에 당연히 경쟁이 치열해질 수밖에 없다고 한다. 서울대학교 김난도 교수는 내가 아무리 많이 가지고 있어도 바로 옆에 나보다 훨씬 많은 소비물을 가지고 있는 사람을 보게 되면 '아! 나는 아직 행복하지 않다'는 느낌이 든다고 한다.

이와 같은 사실은 방송을 통해 실제로 나타나고 있다. 고등학생은 물론이고 초등학생, 그리고 부모에 이르기까지 좋은 대학을 가고 좋은 직장을 얻기 위해 모든 에너지를 쏟는다. 그리고 경제적 부를 통한 미래의 행복을 위해 온종일 일터를 떠나지 않는다. 물론 이들이 자신의 모습에 대해 만족한다면 문제될 것은 없지만, 대부분의 사람들이 스트레스를 받고 있으며 그렇게 하지 않으면 사회로부터 뒤떨어지고 더욱 불행해질 것이란 불안감을 느끼고 있기 때문이다. 즉 자신의 모습에 대해서 만족하거나 인정할 수 없다면 행복 또한 불가능할 수밖에 없다.

한 사례로 미국 뉴욕에서 「미국인은 행복한가?」라는 프로그램 제작을 위해 많은 미국인들에게 행복을 물었을 때 수많은 사람들이 '건강하다', '사랑하는 가족이 있다', '아내도 건강히 일하고 있으며 잠시 후 저녁에 만난다' 등 대단하기보다는 소소한 일상과 자신의 현실에서 이유를 찾아 행복을 느끼고 있었으며, 특히 구두닦이에게 주말에도 일을 하느냐고 물었을 때 '먹고사는데 충분한데 주말에 왜 일을 하느냐'는 등의 답변을 통해 보았을 때, 행복은 결코 어렵거나 멀리에 있지 않다는 것을 확신하는 계기가 되었다고 김기덕 교수(동아방송예술대학)는 술회하고 있다.[11] 하지만 우리나라의 경우 신문·방송은 물론이고 서로간의 오가는 수많은 세상이야기들이 각종 비방과 욕설, 탄식으로 가득 차 있다며 "우리나라 사람의 심성 구조는 행복을 느끼기에 좋지 않은 것 같다."고 말하고 있다. 행복은 마음의 상태에 따라 서로 다르게 나타날 수 있는데 우리나라 사람들은 스스로 최선을 다하거나 만족하기보다 사회 여건이나 남의 탓을 하는데 익숙해져 있고, 마치 속담처럼 사촌이 땅을 사면 정말 배를 아파한다는 것이다. 하지만, 이와 같은 사고가 국민의 정서에 뿌리를 내리거나 국민성으로 자리 잡아서는 안 되며, 보다 행복한 나와 행복한 사회를 만들기 위해서 지속적이고 장기적인 인성교육 등을 통해 개개인의 심성 구조를 바꿀 필요가 있고 세상에 대한 시선을 변화시키기 위해 노력해 나가야 한다고 언급하고 있다.

우리는 경제적 부, 권력, 명예 등 외적 요인들이 일정 부분 행복에의 순기능을 할 수 있지만 참된 행복을 전적으로 보장하지 않는다는 사실을 잘 알고 있다. 심리학자인 데이비드 마이어스는 행복에 대한 체계적인 연구에서 "극도의 빈곤으로 기본적인 의식주가 충족되지 않은 경우를 제외하고는 물질적인 부와 행복 사이에는 거의 상관관계를 찾을 수 없다."고 주장하고 있다. 게다가 지난 50년 동안 많은 나라의 국민이 더 부유해졌지만 행복 수준은 증가하지 않고 오히려 줄어들고 있다는 것이다.[12] 경제적 부와 사회적 지위를 함께 지닌 계층에 속하는 의사들의 경우 '당신은 행복합니까?'라는 질문에 56.2%가 그렇지 않다고 대답하였고, 170개의 직종 직업만족도 평가에서는 169위를 기록했다.[13] 서울대 의대 이혁준 교수에 따르면 의사 지망생들 가운데 모두 행복하지 않다는 응답이 대부분이며, 잠적하거나 그만두거나 심지어 자살하는 친구들도 있다고 한다. 그리고 누구나 복권당첨에 대한 달콤한 꿈을 꾸지만 복권에 당첨되었던 이들의 80%가 불행해졌다는 조사 결과가 있다. 일확천금을 얻게 된 그들은 누가 보더라도 응당 행복할 것으로 비쳐질 수 있는데 그렇지 못하다니 아이러니가 아닐 수 없다.[14]

물론, 현대사회는 무한 경쟁시대임에 분명하다. 경쟁의 목적이 자기 성취에 있는 것이 아니라 다른 사람과의 경쟁에서 이기는 투쟁이며 다른 사람과 비교의식에서 재산을 보다 많이 갖는 것, 권력과 명예를 더 많이 갖는 것, 건강한 육체를 지니고서 오래 사는 것, 심지어는 죽음의 세계에서도 남보다 우위를 차지하려는 경쟁심을 갖고 있음을[15] 간과해서는 안 된다. 그렇다면 과연 그래서 그런 것일까? 아직도 한국인들은 비교와 경쟁을 멈출 준비가 되어 있지 않으며 경제적인 부와 권력, 명예로부터 행복을 찾으려 한다. 그렇다면 이러한 문제를 해소하기 위해서는 행복의 조건에 관한 논의에서 그 해결의 실마리를 찾을 수 있을 것으로 보인다.

4. 성공과 행복 그리고 그 조건들

　인간은 누구나 부자가 되고 싶어 한다. 부는 우리에게 좀 더 안락하고 인간다운 삶, 안정적이고 풍요로운 삶을 제공한다. 대부분의 사람들은 부는 곧 행복이라고 생각한다. 그런 점에서 본다면 행복의 조건들이 다양하겠지만 단연 경제적 부가 으뜸일 것이다. 그래서 대부분의 사람들은 오늘도 열심히 일을 하거나 공부를 하며 내일의 부자를 위한 노력을 아끼지 않는다. 그래서 어떤 경우에는 부정한 방법들을 동원하여 경제적 부를 성취하기도 한다. 돈만 있으면 뭐든 다 할 수 있을 것으로 여기기 때문이다. 그리고 실제로 사회 곳곳에서 돈을 통해 많은 것들이 해결되거나 해결될 수 있음을 우리는 잘 알고 있다.[16] 그래서 사람들은 부자들을 부러워하고 때로는 시기와 질투를 하기도 한다. 하지만 자신도 부자가 되기 위해 저마다의 노력을 아끼지 않는다. 부자가 되는 것은 개인들의 목표이기도 하지만, 자식을 키우는 부모의 목표와 바람[17]이며 이는 내 자식에게로, 또 다음 세대에게로 이어진다. 누구나 성공하기를 바라고 행복하기를 바라는 것인데 부자가 되는 것은 곧 성공이며 행복이라고 여기기 때문이다.

　그렇다면 정말 부자들은 행복할까? 우리 사회에는 소득이 많아지면 더 행복해질 것이라는 인식이 팽배해 있지만 이는 엄밀히 말해 환상일 수 있다는 점이다. 소득 수준이 평균 이상인 사람들은 비교적 자신의 삶에 만족하지만 매순간 다른 사람들보다 더 행복하다고 여기지 않을 수 있다. 왜냐하면 그들은 스트레스를 많이 받으며, 좋아하는 활동에 더 많은 시간을 할애하지도 못할 수 있기 때문이다. 사람들이 자신의 삶이나 다른 사람의 삶을 평가할 때 의례적인 업적에 초점을 맞추므로 소득이 행복에 기여하는 효과가 두드러져 보일 뿐, 소득이 삶의 질에 결정적으로 기여할 수 있느냐의 문제와는 별개일 수 있다는 사실이다.[18] 행복경제연구소에 따르면 2006년 7월 통계청이 시행한 사회통계조사 1만 8095명의 자료를 통해 '돈이 많을수록 행복하다'는 우리의 상식이 틀릴 수 있다는 결과를 도출했다. 9개 소득계층으로 나눈 뒤, 계층별로 행복지수를 산출한 것인데 월 소득 1000만 원 이상인 최고 소득계층은 전체 9개 계층 가운데 4위를 기록한 것으로 대한민국 1%라고 해서 보통 사람보다 더 많이 행복하지는 않다는 것이다.[19] 이는 부자라서 무조건 행복하다는 논리는 잘못되었음을 의미한다. 로렌스 G.볼트는 『선과 생존의 기술』에서 이렇게 이야기 한다.

"사회는 우리에게 셀 수 있는 것들이 중요하다고 가르친다. 그러나 주택의 가격은 셀 수 있지만 가정의 행복은 셀 수 없다. 셰익스피어의 『햄릿』은 서점에서 10달러를 주고 살 수 있지만 그 작품이 우리에게 주는 의미는 측정이 불가능하기 때문이다."[20]

경제적 부와 마찬가지로 많은 사람들이 갖고 싶고 누리고 싶어하는 것이 바로 권력이다. 경제적 부를 통해 권력을 행사할 수도 있고 권력을 소유함은 경제적 부를 보장받는 것일 수 있으며 이는 자유로운 삶이자 행복한 삶이 될 수 있다. 통제나 간섭으로부터 벗어날 수 있음을 의미하고, 특별한 존재로 세상을 살아 갈 수도 있다. 권력이란 '남을 복종시키거나 지배할 수 있는 공인된 권리와 힘'을 말하는 것으로 실생활에서 실세, 권세, 실권 등으로 불린다.

인재 경영의 창시자인 제프리 페퍼는 행복해지고 싶다면 권력을 가지라고 말한다. 그는 권력을 가지면 스트레스가 상대적으로 적어 건강도 좋아지고, 수명도 늘어날 뿐 아니라 새로운 부를 창출하는 금전적 능력도 생기고, 명예도 자연스럽게 생기며, 조직과 사회를 변화시킬 수 있는 능력도 생긴다고 조언한다.[21]

　　실제로 사람들은 권력을 좋아한다. 권력을 싫어하는 사람이 있을까? 하지만 권력은 소수에게 집중될 수밖에 없다. 남을 복종시키거나 지배할 수 있는 권리와 힘이 바로 권력인데 모두에게 권력이 주어진다면 복종과 지배는 이루어질 수 없기 때문이다. 또한 그것이 누구에게나 예외 없이 주어지는 것이라고 한다면 권력을 성공과 행복의 조건으로 보지도 않았을 것이다. 그래서 사람들은 권력에 집착하게 되고 때로는 권력다툼으로 이어지게 되기도 하는 것이다. 특히, 그중에서도 한 나라의 왕이나 대통령에게 주어지는 권력은 절대적이라 할 수 있을 텐데 과연 그들은 행복했을까?

　　아리스토텔레스를 비롯하여 많은 학자들이 행복은 한사람의 일생을 되돌아본 후에야 비로소 판단할 수 있다고 하였으며, 또한 현재 권력자들의 행복을 판단하는 것은 현실적으로 무리가 따르고 설령 조사를 한다고 해도 진실성에는 한계가 있을 수 있다. 아마도 최고의 권력자들이라 해도 결코 행복했다고 단정하기는 어렵다.[22] 잠시 성공을 이루었다 할 수 있을지는 몰라도 인생이라는 긴 여정에서 과연 참된 행복을 누렸다고 하는 데는 한계가 있을 것이다. 이는 최근 국제사회를 떠들썩하게 했던 카다피의 죽음에서도 권력의 끝은 결코 행복을 보장할 수 없다는 점을 확인할 수 있으며, 재벌가의 권력다툼에서도 권력은 곧 불행을 초래하였음을 알 수 있다. 이쯤이면 그들에게서 행복을 찾는다는 것은 무의미하지 않을까?

　　행복디자이너 최윤희 씨는 행복디자이너라는 말처럼 수많은 사람들에게 희망과 용기를 심어주었고 행복을 설파했다. 하지만 2010년 10월 어느 날 돌연 그녀의 안타까운 자살 소식이 세상을 뒤흔들었다. 자살 자체가 우리에게 던져주는 의미는 결코 부정적일 수밖에 없기 때문에 그녀로부터 행복을 전수받고 용기를 다짐했던 수많은 사람들은 더욱 큰 혼란을 경험했을 것이다. 정작 행복디자이너인 자신은 행복하지 않았던 것일까? 하지만, 강의를 들었거나 방송을 통해 본 행복디자이너 최윤희 씨는 분명 행복한 사람이었고, 부러움의 대상이었다. 하지만 결국 자살이라는 결과는 대중들로 하여금 불행으로 밖에 보이지 않는다.

　　물론 쇼펜하우어의 3대 행복론인 "첫째, 사람은 태어나지 않음이 행복하다. 둘째, 태어났으면 일직 죽는 것이 행복하다. 셋째, 일찍 죽지 않았으면 자살하라."에 비추어 보았을 때 그들은 오히려 행복한 사람인지도 모르겠다. 그러나 이와 같은 현실이 결코 행복으로 승화될 수는 없다. 오히려 슬픈 현실인 것이다.

　　지금 이 순간에도 그리고 앞으로도 부와 권력, 명예 등 사회적 조건들이 행복을 가져다준다고 생각하는 사람들은 많을 것이다. 물론 이것들이 일정부분 행복을 위한 조건이 될 수 있음은 부인할 수 없다. 하지만 이러한 외적 요인들에서 전적인 행복을 찾으려 한다면 더 많은 부와 권력, 명예를 위한 투쟁은 결코 멈출 수 없게 되고 결국 진정한 행복의 요소들을 포기해야만 할 것이다. 아리스토텔레스를 비롯한 많은 학자들은 참된 행복은 '자족'으로부터 출발한다고 하였다. 지금까지 살펴본 것처럼 행복은 일반적인 사회적 기준으로부터 오는 것이 특정한 필요조건을 이룰 수 있을지는 몰라도 충분조건이 될 수 없다. 이러한 필요조건들이 하나의 하부구조를 이루어 개인이 어떻게 받아들이고 추구할 것인가 라는 상부구조를 만족시켰을 때, 진정한 의미에서 충분조건을 이룬다고 말할 수 있지 않을까?

모든 사람들은 자신만의 개성과 고유한 아름다움을 지니고 있다. 이와 같이 한 개인이 지니는 고유성은 다른 사람과의 비교와 경쟁을 통해 확보되는 것이 아니다. 개개인이 지니는 감성적 능력을 통해 확보된다는 차원에서 비교의 대상도 평가의 대상도 될 수 없다. 남들보다 우위에 서고자 하거나, 자신의 내면보다는 타인에게 보여지는 평가에 귀를 기울이는 것 자체가 행복을 스스로 차단하는 결과를 가져올 수 있다. 결국 상부구조에 해당하는 개인의 내면은 외적인 조건이나 타인에 의해 주어지는 것이 아니라는 점에서 자신의 일에 열정을 느끼고 이를 통해 스스로의 탁월성을 발휘하고 확보해 낼 수 있다면 이로 인해 행복의 충분조건은 만족되는 것이다.

당신은 행복을 포기할 것인가? 인생의 궁극적인 목적이요 최대의 목표가 행복임에도 불구하고 행복을 포기한다는 것은 삶을 포기하는 것과 같다. 그래서 우리는 삶도 행복도 결코 포기할 수 없기 때문에 행복한 삶을 살기위해 노력하는 것이다. 인생의 궁극적인 행복은 하나의 형체로 다가오는 것도 아니고 하나의 목표를 성취했다고 느낄 수 있는 것도 아니다. 평생 동안 살아온 삶의 모습을 통해 비로소 행복을 가늠해 볼 수 있는 것이다. 평생을 살면서 포괄적으로 행복감을 충분히 느꼈다면 행복한 인생이요 행복감을 충분히 느끼지 못했다면 불행한 인생인 것이다. 이는 행복이 갖는 성격이 곧 총체성을 지니는 것이라는 의미를 반영한다.

부와 명예, 권력을 하루아침에 이루기란 절대 만무하지만, 행복은 자족으로부터 출발하는 것인 만큼 독립적인 차원에서 이해할 경우

하루아침에도 우리는 행복할 수 있다. 아직 행복을 맛보지 못한 사람들은 행복을 찾기가 어렵거나 정말 행복한 일이 없다고 생각할 수 있는데, 심리학자 윌리엄 제임스의 지적대로 '행복해서 웃는 게 아니라 웃다보니 행복해 진다'는 명언을 기억할 필요가 있다. 또한 인생을 부초(浮草)에 비유하며 우리네 인생이 무한경쟁, 시기, 질투, 탐욕 등으로 얼룩지기보다 유유자적(悠悠自適)하기를 바란 노래가 대중들 특히 중장년층의 인기를 얻고 있으며 그들의 입을 통해 많이 불리어지고 있는 이유를 생각할 필요가 있다. 대중이 공감하는 내용이기에 인기를 얻을 수도 있겠지만, 또 한 편으로는 대중들의 무의식 저변에 깔린 소망이나 희망을 내포하기 때문인지도 모른다. 행복해지기를 바라는 것은 인간으로서의 본성이며 인생 최상의 목표이다. 우리네 인생, 웃으면서 살아가보자! 그렇다면 우리는 실제로 행복에 훨씬 가깝게 다가갈 수 있을 것이다. 아니, 지금 이 순간 웃고 있는 당신은, 누가 뭐래도 이미 행복한 인생을 살고 있는 것이다.

　　"내 인생 고달프다 울어본다고 누가 내맘 알리요
　　어차피 내가 택한 길이 아니냐 웃으면서 살아가보자
　　천년을 살리요 몇백년을 살다 가리요
　　세상은 가만 있는데 우리만 변하는 구려
　　아~ 부초같은 우리네 인생　아~ 우리네 인생"

1) 구재선·서은국(2011), "한국인, 누가 언제 행복한가?", 『한국심리학회지: 사회 및 성격』, 제25권 2호, 143쪽. (Argyle, 1999; Diener, Suh, Lucas, & Smith, 1999; Myers, 2000; Myers & Diener, 1995; Veenhoven, 1991; Wilson, 1967).

2) 소병철(2011), "인간 행복의 사회적 가능조건에 관한 소론", 『경기대학교 시민인문학』, 제20호 69쪽, 경기대학교 인문과학연구소.

3) 위키백과사전 참조.

4) 박선목(2000), "삶의 질을 높이기 위한 동서양의 행복론", 『인문논총』 제55권, 1호, 303쪽.

5) 법정 저, 류시화 역(2004), 『산에는 꽃이 피네』, 98쪽.

6) 소병철(2011), "인간 행복의 사회적 가능조건에 관한 소론", 『경기대학교 시민인문학』, 제20호 81쪽, 경기대학교 인문과학연구소.

7) 구재선·서은국(2011), "한국인, 누가 언제 행복한가?", 『한국심리학회지: 사회 및 성격』, 제25권 2호, 143쪽.

8) 구재선·서은국(2011), "한국인, 누가 언제 행복한가?", 『한국심리학회지: 사회 및 성격』, 제25권 2호, 144쪽.

9) 탈 벤-샤하르 저, 노혜숙 역(2007), 『해피어』, 위즈덤하우스, 72쪽.

10) 탈 벤-샤하르 저, 노혜숙 역(2007), 『해피어』, 위즈덤하우스, 279쪽.

11) 행복에 대해 고민을 하던 중 평소 넉넉한 웃음과 자상함, 철저한 자기관리 등으로 인생의 본보기가 되고 있으며 늘 행복해 보이는 동아방송예술대학 김기덕 교수님께 행복에 대해 여쭈어 보았다. 역시 그는 현재에 만족하며 그래서 행복하다고 이야기한다. TBC아나운서, 동아방송기자, KBS기자, 청와대 공보비서관, 대학교수를 거쳐 현재는 정년퇴임을 하고 초빙교수로 신분이 바뀌고 급여는 이백만 원 남짓으로 전성기 때와 비교하면 대여섯 배 줄었지만 오히려 마음은 평온하고 행복하다고 술회하고 있다. 그는 다시 한 번 행복은 진정으로 마음먹기에 달렸다고 강조하며 뉴욕에서의 일화를 소개했다.

12) 탈 벤-샤하르 저, 노혜숙 역(2007), 『해피어』, 위즈덤하우스, 107쪽.

13) KBS 스페셜, 『행복해지는 법』, 2011.

14) 홍병선(2011), "행복에 관한 인문학적 성찰", 『시민인문학』, 제21호, 87-8쪽.

15) 박선목(2000), "삶의 질을 높이기 위한 동서양의 행복론", 『인문논총』제55권 1호, 329쪽.

16) 돈만 있으면 원하는 좋은 집을 가질 수 있고, 좋은 외제차를 타거나, 기사나 가정부를 두며 편하게 살 수 있고, 힘들게 일을 하지 않으며 여행을 다닐 수도 있다. 결혼을 안했다면 얼마든지 예쁘거나 잘생긴 사람을 만날 수도 있다. 결재서류를 들고 과장이나 부장 앞에서 마음을 졸일 이유가 없으며, 출퇴근길에 꽉 막힌 길이며 복잡한 지하철과 전쟁을 치룰 까닭이 없다. 생각만 해도 행복하지 않은가? 하지만, 대부분의 사람들에게 꿈만 같은 이야기다. 왜냐하면, 그럴만한 충분한 돈이 없기 때문이다. 프리미엄 석간 경제지 이투데이와 코리아리서치가 성인남녀 500명을 대상으로 부자의 기준에 대해 조사한 결과 금융자산 평균 18억 원을 포함해 총 57억 원 정도는 있어야 부자로 생각하는 것으로 나타났다.

17) 박영신·김의철(2009), "한국 성인 남녀가 행복에 이르는 길", 『한국심리학회지: 여성』, 제14권 3호, 485쪽.

18) 탈 벤-샤하르 저, 노혜숙 역(2007), 『해피어』, 위즈덤하우스, 108쪽.

19) 한겨레 21돌 창간특집, 『행복경제학』, 2009.

20) 탈 벤-샤하르 저, 노혜숙 역(2007), 『해 피어』, 110쪽.

21) 이코노믹 리뷰, 김은경 기자, "권력은 행 복 지름길 탐욕도구 편견 버리라", 2011.

22) 권력과 행복의 관계에 있어 최고의 권력 을 가졌던 대부분의 역대 대통령들은 한 나라의 최고 권력자였음에도 불구하고 세월이 흘러 사회적 비판의 대상이 되고 있으며, 즉 감옥에 가거나, 독재자로, 무 능력자로 불리기도 하고, 또 스스로 죽음 을 선택하기도 했다. 나라를 위한 대통령 들의 헌신과 노력 등 중요한 업적들도 부 각되고 높이 사야 마땅하지만 안타깝게 도 우리사회는 부정적인 사실에 더욱 집 중한다.

성공과 행복의
경제적 가치

남정인

성공과 행복의 경제적 가치

남정인

1. 성공과 행복의 가치

사람은 누구나 성공과 행복을 꿈꾼다. 일반적으로 사람들은 성공과 행복은 결코 유리될 수 없는 하나가 되어야 한다고 생각하는 것 같다. 물론 그렇게 받아들이는 것이 상식적이기는 하겠지만, 이 양자 각각이 갖는 본질적인 성격뿐 아니라 그 관계에 대해서도 구체적으로 살펴볼 필요가 있다. 그래야만 '성공'과 '행복'이 갖는 본성이 어떤 것인지가 드러날 것이기 때문이다. 그렇다면 일단 서로 구분하지 않고 성공과 행복은 과연 무엇인가? 에 대한 물음을 던져 보자. 이 물음에 대해 대부분의 사람들은 '잘사는 것'이라고 말한다. 그렇다면 잘산다고 하는 것은 무엇을 의미하는 것일까? 이 물음에 대해 '잘사는 것'이란 일반적으로 경제적 안정과 물질적 풍요를 의미하는 것으로 받아들인다. 그래서 잘 살기 위해서는 무엇보다도 경제적 안정과 물질적 풍요가 우선되어야 한다고 여기듯이 대부분의 사람들은 잘 살기 위해 물질적 풍요만을 좇는 경향이 있는 것 같다.

그렇다면 우리 삶에 있어 금전과 같이 물질적인 측면이 미치는 영향은 어느 정도 되는 것일까? 라는 물음은 자연스럽게 제기될 수 있다. 이에 대해 사람마다 다르겠지만 경제적인 측면이 우리 삶에 미치는 영향력은 각자가 생각하는 것보다 훨씬 클 수 있다. 자신의 소득으로 사람의 가치가 평가되고 소비수준에 따라 생활에서 큰 편차를 보이는 것도 사실이다. 많은 능력과 높은 소득 수준은 곧 더 많은 소비를 가능하게 해줄 수 것이고, 그것이 곧 개인의 행복에 실질적으로 기여하게 해준다고 여기고 있으며, 이는 결국 행복에 이르는 가장 큰 요인이라는 믿음을 가능하게 해주기 때문이다. 진정 성공과 행복이 물질적인 것에 의해서만 확보되는 것이라고 여길 수 있을까? 이러한 물음에 대한 답변을 위해서는 무엇보다 이에 선행하는 문제에 해당하는 인간은 과연 무엇을 지향하는가? 라는 물음에 대한 답변을 전제로 한다는 점이다. 이는 곧 인간이 궁극적으로 지향하는 '가치'에 관한 물음일 것이고, 이 물음에 대한 답변이 선행되어야 그 개별적 가치에 해당하는 성공과 행복에 대한 답변이 가능할 것이다. 그렇다면 인간이 지향하는 궁극적인 가치는 무엇일까? 아리스토텔레스에 의하면 인간이 추구하는 궁극적인 가치는 행복에 있다고 본다. 이에 대해 그는 다음과 같이 주장한다.

"우리가 달성할 수 있는 모든 선 가운데 최고의 것은 무엇인가? 명목상으로는 대체로 누구나 여기에 대해서 같은 답을 내린다. 즉 일반 사람들도 교양 있는 사람들도 다 같이 그것을 행복이라고 말하며, 또 잘 살며 잘 처세하는 것이 곧 행복이라고 여긴다. 그러나 무엇이 행복이냐 하는데 이르러서는 사람들의 생각이 같지 않으며, 또 일반 사람들의 설명은 철학자들의 설명과도 같지가 않다. 전자는 그것이 쾌락이나 부나 명예와 같이 뻔하고 명백한 어떤 것이라고 생각한다. 그러면서도 그들은 의견이 서로 다르다. 그리고 때로는 같은 사람마저 경우에 따라 그것을 다양하게 서로 다르게 본다. 가령, 병들었을 때는 건강을 행복이라고 여기기도 하고, 가난할 때에는 부를 행복이라고 여기기도 한다."[1]

여기에서 아리스토텔레스가 보여주고 있는 것은 배운 것과 무관하게 인간이라면 누구든 그 지향하는 궁극적인 가치를 행복에 두고 있음을 의미하며 일반적으로 누구든 여기에 동의하고 있다는 사실이다. 그렇다면 그 다음 문제가 되는 것은 '행복 그 자체가 무엇인가?'라는 점이다. 그런데 이에 대한 답변은 사람에 따라, 또한 경우에 따라 얼마든지 차이가 있을 수 있다. 일반적으로 사람들은 쾌락, 부, 명예, 권력, 건강 등 분명하고 일반적인 것을 행복이라 여긴다. 하지만 이처럼 사람들이 일반적으로 생각하듯이 과연 그러한가? 경우에 따라 어떤 때는 건강, 또 어떤 때는 부유함을 행복이라고 받아들일 수 있는가 하는 점이다. 만일 그럴 경우 행복에 대해 구체적으로 '그것은 무엇이다'라고 답변이 주어지자마자 곧장 반박되고 말 것이다.

그래서 아리스토텔레스는 행복을 쾌락, 명예, 부 등으로 여기는 대중들의 견해에 대해 반박하고 있다. 플라톤은 『국가』편에서 쾌락적인 삶, 정치적인 삶, 관조적인 삶에 대해 언급하고 있다. 일반 대중들은 본성에 따른 쾌락적인 삶을 선택하는 동시에 명예를 행복이라 여기는데, 이는 정치적인 삶에 해당한다. 이에 비해 아리스토텔레스가 최고의 행복이라 여기는 삶으로 관조적인 삶을 들고 있는데, 이는 자족적이며 따라서 참된 행복에 이르게 한다는 것이다. 돈을 버는 것은 부득이한 측면을 갖지만, 그렇다고 해서 부 자체는 우리가 추구하는 최고의 선이 아니다. 그것은 단지 유용성의 가치를 지닐 따름이며, 다른 목적을 위한 수단일 따름이라는 것이다.[2]

2. 돈과 성공 그리고 행복의 교향곡

　오늘날 인간에게 행복을 보장해 주는 방법을 들라고 한다면 물질적 풍요를 드는 것이 가장 일반적일 것이다. 이러한 답변의 이유에 대해 설명해 보라고 한다면, 개개인에게 있어서의 행복이 주관적이라는 점을 감안했을 때 이러한 주관적인 행복을 보장해 줄 수 있는 가장 핵심적인 요건이 바로 물질적 풍요에서 비롯된다고 여길 것이기 때문이다.[3] 물론 일반적으로 가장 관심을 갖는 문제 가운데 하나가 경제적인 측면에 있음은 물론이다. 왜냐하면 삶의 기반이 된다는 점도 그렇겠지만 인간의 포괄적인 욕구를 충족시켜 줄 수 있는 기반이 되기도 하기 때문일 것이다. 그래서 사람들은 경제성장만 보장될 수 있다면, 이를 보장해 줄 수 있는 정치시스템에 대해 적극적으로 신뢰하게 된다. 이로 인해 '더 큰 경제적 성장은 곧장 더 큰 행복' 이라는 공식이 성립하기도 한다. 하지만 과연 그런가 하는 문제는 여전히 남게 된다.

　경제적인 측면의 해소가 곧장 행복으로 이어진다고 했을 때, 그 자체가 인간이 지향하는 궁극적인 목적이 될 수 있는가 하는 문제가 또 다시 발생하게 된다. 그래서 개인적 차원뿐 아니라 국가적 차원에서도 경제 문제는 비록 아리스토텔레스의 주장에 입각한다고 했을 때, 그 자체가 행복이 될 수는 없을지라도 행복의 하부구조를 이루고 있는 것으로 이해할 수 있다. 따라서 경제적인 측면은 상부 구조에 해당하는 행복을 위한 하나의 관건이 될 수 있을 것이고, 그런 점에서 경제적인 문제가 해결된다고 해서 곧장 행복으로 이어진다고 보기도 어려운 것이다. 하지만 또 다른 관점에서 앞에서의 논의와 상반된 주장도 제기될 수 있다. 마일스는 "성공과 행복 그리고 돈과의 상관관계"라는 글에서 돈과 행복은 상호 비례하기 때문에 돈을 더 많이 벌수록 더 행복해 질 수 있다고 주장한다.

통상 사람들이 성공에 대해 생각할 때 좋은 집이나 자동차 등에 대해 떠올리는 것이 일반적이다. 이 말은 성공을 측정함에 있어 가장 중요한 척도가 돈을 얼마나 가지고 있는가의 여부에 의해 결정된다는 의미를 함축한다. 더 나아가 행복이 성공과 돈 사이에 위치한다고 했을 때, 경제적인 측면에서 성공으로 이어진다면, 이는 곧 행복으로 연결될 수 있다는 의미로 해석할 수 있다. 말하자면 행복이 돈과 성공을 통해 부수적으로 확보되는 것으로 받아들인다고 했을 때, 행복 그 자체를 객관적으로 측정하기는 어렵다는 점에서 돈과 성공의 기반 위에 행복은 자연스럽게 확보되는 것으로 이해할 수 있다. 그런 점에서 돈과 성공 그리고 행복은 서로 비례한다고 할 수 있을 것이다.

이에 대해 다시 한 번 제기되는 물음은 돈이 많으면 행복한가? 라는 점이다. 우리가 살아 나가면서 행운이라는 측면을 생각해 볼 수 있다. 예를 들어 사람들은 로또 당첨이라는 인생역전의 꿈을 꾸기도 한다. 아니면 신도시개발 등으로 인해 대대로 내려오던 토지를 팔아 생각지도 못한 어마어마한 돈을 만질 수도 있다.[26] 이렇게 복권 당첨이나 토지 보상 혹은 매매 등을 통해 하루아침에 부자가 된 그들의 삶이 과연 행복할까? 만일 행복해졌다면 어느 정도 행복해졌을까? 이런 사람들을 바라볼 때 우리는 이것이 성공이 아닌 행운으로 여길 수도 있을 것이다. 주위에 있는 사람이 경제적으로 부유해졌을 때 주변 사람들은 매우 부러워하면서 질시의 눈초리를 보내기도 한다. 어떻게 보면 특정한 사람의 경제적 부의 확보가 사회적으로 격차를 더 크게 벌이기도 하고, 그 규모가 크면 클수록 더 큰 이질감을 느끼게 만들기 때문이다. 이는 경제적 측면에서만 보았을 때, 특정한 사람의 행복도 상승이 상대의 행복감을 감소시키는 결과로 나타나기도 한다는 점을 생각해 보지 않을 수 없다. 여기에서 제기되는 물음은 행복은 과연 상대적인가? 하는 문제가 야기된다. 일상인들의 삶을 생각해 보았을 때, 빈곤층은 당연하겠지만 대부분의 중산층은 하루의 삶을 위해 최선을 다하고 그 삶을 영위하고 있는 것이 현실이다.

우리는 1997년 12월부터 IMF체제로 접어들어 3년 만에 벗어날 수 있었음을 기억하고 있다. 최근 또 다시 경제가 어렵다고 하는 이야기가 여기저기에서 들리고 있다. 국가의 경제가 어려워지면 그 곳에 속한 개인의 생활이 어려워지는 것은 당연할 것이다. 경제적 자원으로서의 금전은 현대 자본주의 사회를 살아가고 있는 사람들에게 꼭 필요한 수단적 가치를 갖는다. 인간이 생존하기 위한 근거에 해당하는 경제적 부는 필수적이라는 점에서 누구든 이의를 제기하기는 어려울 것이다. 그래서 우리는 노동을 통해 돈을 버는 것이다. 그렇다면 사람들이 원하는 부의 축적이 곧장 행복을 가져다준다기보다는 오히려 행복으로 이어질 수 있는 가능성이 큰 것이다. 따라서 경제적 측면에서의 부의 확보는 그 자체가 행복일 수는 없는 것이다. 행복의 가능성을 확보해 낼 수 있는 외연(外延)이 확충되는 것으로 이해할 수 있다. 그런 점에서 경제적 부의 축적 그 자체는 오히려 불행해지기도 하는 것이고, 나아가 불행의 불씨가 되기도 하는 것이다. 돈으로 인해 인간관계에서 결정적인 문제가 발생할 수도 있고, 스스로 변질될 수도 있고, 감당하기 어려운 상황이 발생할 수도 있다. 이러한 경우는 오히려 돈이 불행을 자초하는 원인이 되기 때문이다.

3. 행복의 두 관점과 진정한 행복

요하네스 발라허에 따르면, 20세기에 접어들면서 산업 및 서비스업의 분업화가 이루어지면서 경제와 행복을 한데 묶어 생각하는 건 매우 어려워졌다고 지적하고 있다.[4] 그리고 그 저변에는 오늘날 사람들의 삶의 방식이 서구 개인주의에 바탕을 두고 있다고 한다. 개인주의는 근대 이후 우리의 의식에 깊이 뿌리를 내리고 있다. 이러한 개인주의는 이성중심주의와 동일시되는 것으로 이성이라는 잣대로 세계를 이해하고 분석하고 설명한다는 점에서 진리인식 및 가치 판단의 기준이 된다. 그런 점에서 이성이라는 잣대로 자연을 판단한다는 점에서 이를 대상화하고 객체화함으로써 자연을 이성의 목적 달성을 위한 도구로 파악하게 된다.

나아가 과학의 진보와 그 기술적 적용으로 인해 산업의 발전을 촉진시키는 것은 물론 인간에게 많은 유용성을 제공하는 결과로 드러나게 된다. 말하자면 있는 그대로의 자연을 변형 및 조작하여 인간에게 필요한 새로운 가치를 과학기술을 통해 제공받게 되는 것이다. 이는 인간의 욕구(desire)를 충족시키는 결과로 나타나게 되고, 역으로 과학기술에 대한 무한한 신뢰로 이어지게 된다. 현대 물질주의는 바로 이러한 과정을 통해 확보되는 것으로 이해할 수 있다. 하지만 이러한 유용성 제공을 통한 물질문명의 혜택이 곧장 인간의 행복으로 이어지는가 하는 문제가 발생하게 된다. 다시 말해 물질을 통한 혜택이 과연 행복과 비례할 수 있는가 하는 점이다. 이 점은 우리의 삶은 갈수록 편리해지지만 역설적으로 이것이 인간의 행복과 반드시 일치하지 않을 수 있다는 사실에서 비롯된다.

우리는 점점 더 불행의 늪으로 빠져들고 있다고 보는 편이 오히려 정확한 진단일 것이다. 그 이유 가운데 하나는 물질적인 측면을 통해 인간의 욕구를 충족시키는 데는 한계가 있기 때문이다. 또 다른 하나는 한정된 재화와 그 분배의 격차로 인해 공정한 부의 분배가 이루어지지 않기 때문이다. 말하자면 제한된 수단을 통해 가장 효율적으로 분배하기 위한 선택 과정에서 인적, 물적 자원의 분배가 이루어지게 되는데, 이 때 개인마다 생기는 차이가 곧 소득격차로 이어져서 각자의 욕구를 충족시키는데 부족한 상황이 발생하게 된다.

이처럼 '자원의 유한성'과 '인간의 욕구 충족' 사이의 불일치는 곧장 무한경쟁으로 이어지게 된다. 무한경쟁을 통해 재화를 확보한 입장에서도 그렇겠지만, 그렇지 못한 입장에서는 정신적인 만족까지 물질로 대체하려는 끊임없는 노력 속에서 오히려 더욱 극심한 정신적 궁핍함을 체험하게 되는 것이다. 재화를 확보한 입장에서도 여전히 행복과 일치한다고 장담할 수는 없다. 왜냐하면 물질적 풍요가 행복을 위한 하나의 필요조건에는 해당될 수 있을지 몰라도, 충분조건은 결코 될 수 없기 때문이다. 그렇다면 행복을 위한 조건으로서의 물질은 하부구조로서의 역할을 수행할 수는 있어도 진정한 의미의 행복으로 이어지지는 않는다. 따라서 진정한 행복을 지향하기 위해서는 행복이 갖는 본질적인 이해가 선행되어야 할 것이다. 다시 말해 진정한 행복을 성취하기 위해서는 경제적인 풍요로움을 무조건 추구하기 보다는 '자아'에 대해 정확하게 이해하는 것이 무엇보다 중요하다.

라깡에 따르면 '인간의 욕구'는 '타자(Autre)의 욕망'이라고 정의하고 있다. 우리가 의식하는 현실은 우리가 태어나기 전부터 타자들이 지배하는 영역이라는 뜻인데, 그 대표적인 예로 '언어'를 들 수 있다. 언어는 일정한 상징을 지니지만 개인 마음대로 그 상징을 규정할 수 없으며, 인간은 그저 타자가 정해놓은 언어의 상징을 빌려서 이용할 뿐이다. 인간의 욕구 역시 언어와 마찬가지이다. 사람들이 보편적으로 선호하는 직업이나 삶의 형태뿐만 아니라 일례로 음식의 취향까지 개인의 욕구는 스스로 원해서라기보다는 '나 자신'이 아닌 타자의 욕망으로부터 강한 영향을 받는다.

타인의 욕망을 통해 내가 원하는 것을 바라보는 관점은 특별한 문제를 일으키지는 않는다. 타자와 아무런 차이점이 없으니 대립할 일도 없기 때문이다. 많은 사람들이 국가 경제 발전의 중요성에 큰 이견을 나타내지 않는 것도 국가 경제력의 증가는 곧 개인의 물질적 풍요로 이어질 수 있기 때문이다. 하지만 이익의 추구가 지상 명령처럼 받아들여지는 사회 속에서 자리를 잃어가는 인간 개인의 가치에 눈을 돌리는 사람들은 타자와는 다른 관점, 다른 욕구를 지닐 수 있다. 이를 두고 라깡은 "자신이 욕망하는 것이 진실로 자신이 소망하는 것인지 혹은 소망하지 않은 것인지 알기 위해서 주체는 다시 태어나야 한다."라고 언급하고 있다.

라깡의 주장대로 새롭게 태어나야 할 필요가 있다는 것이 갖는 의미는 '자아에 대한 반성'과 직접적인 연관성을 갖는다. 말하자면, 사유의 주체로서의 자아가 지니는 욕구가 어떤 것이냐에 의해 행복과 연관성을 지닐 수 있음을 의미하는 것으로 받아들일 수 있다. 그렇다면 진정으로 행복해진다는 것은 '자아'의 문제로 귀결된다. 이에 비추어 본다면 경제적 수단이 기본이 된다고 하여 물질적 풍요만을 추구하는 것은 행복과 경제와의 공존을 더욱 어렵게 할 뿐만 아니라, 서로 양립하기 어렵게 만든다. 진정한 성공, 그리고 행복은 '자아'에 대한 확인과 이해를 통해 스스로 바라는 것이 무엇인지 깊이 성찰하는 순간부터 이루어지는 가치일 것이다. 이러한 관점에서 법정스님의 "인간의 가치를 결정짓는 것은 사회적 지위, 명예, 재산이 아니라 나 자신의 영혼과 얼마나 일치되어 있는가에 달려 있다."라는 언급은 우리에게 시사해 주는 바가 매우 크다.[5]

1) Aristotle(1991), 34쪽

2) Aristotle(1991), 36쪽

3) 홍병선(2011), "행복에 관한 인문학적 성찰", 『시민인문학』, 84-5쪽

4) 요하네스 발라허(2011), 『경제학이 깔고 앉은 행복』, 대림북스, 25쪽에서 재인용.

5) '죽은 시인의 사회'라는 영화의 주인공 키팅 선생님은 아이들에게 다가가 '다른 관점에서 보면 세상이 달라보인다.' '현재를 즐겨라', '진정 네가 하고 싶은 것이 무엇인지 찾아라.'고 언급하면서 틀에 박힌 것에서 벗어나 자유로운 사고를 갖게 유도하고 있다. 여기는 말하는 의미 있는 삶이란 자신의 가치를 발견하고 자신의 가치발전을 위해 노력하는 삶이자 물질적 풍요가 아니라 마음의 풍요이며, 곧 성취감을 느끼는 것이다. 그러한 관점에서 성공 역시 사회가 만든 틀 안의 성공이 아니라 자신이진정으로 하고 싶은 것을 찾고 그 곳에서 성취감과 만족을 느끼는 것이다.

창업의 관점에서 바라본
성공과 행복

박시혜영

창업의 관점에서 바라본 성공과 행복

박시혜영

1. 창업과 성공 그리고 행복

창업의 궁극적인 목표인 부의 창출은 재화로 환산이 가능한 경제적 부분뿐만 아니라, 사회적 부를 아우르는 포괄적인 부(wealth)까지 확장된 개념이다. 또한 기업가 정신 가운데 하나로 사회적 부(Social wealth)를 들 수 있을 것이다. 슘페터에 따르면 개인의 이윤 추구는 신산업, 신기술, 새로운 제도와 직업, 생산성 증가 등을 가져와 궁극적으로 사기업 및 사회적 복지의 동력이 된다고 한다.

창업이란 자본주의 사회에서 자아를 실현하는 이상적인 수단으로서 기업가에게 있어 중요한 가치는 경제적인 측면보다는 개인적인 정열, 독특한 경험과 지식 등이다. 그래서 사회적으로 성공한 사람들과 그렇지 못한 사람들 간의 차이는 자신만의 지식과 정열, 경험을 자산으로 하여 기회를 자기의 것으로 만드는 실현과정이 존재한다는 것이다. 그래서 경제적 활동이나 경제적 가치를 초월하여 스스로 좋아하고 하고 싶은 일을 하면서 부가적으로 경제적 부를 획득할 경우 창업이 갖는 본질적인 의미가 드러난다고 할 수 있다. 이와 관련하여 안철수 교수는 다음과 같이 지적하고 있다.

> "기업가 정신이란 마음가짐이 아닌 '행동'이다. 스스로 판단하고 실행에 옮겨 세상에 없는 새로운 가치를 창조해 내는 활동과, 그 결과에 대한 책임이 기업가정신의 요체다."

이는 기업가 정신이란 결국 자아성취를 위한 것으로 창업을 통해 실현될 수 있음을 시사한다. 그렇다면 창업의 관점에서 본 성공과 행복의 본질적인 측면에 있어, 한 광고에 난 카피처럼 '예' 할 때 '아니요' 라고 말할 수 있는 사람을 사회에서 성공의 조건으로 볼 수 있는가? 라는 질문을 던지게 된다. 왜냐하면 우리가 아는 대부분의 창업이나 벤처인 혹은 성공한 사람 등에 대해 잘못 파악하고 있기 때문이다. 또한 인물에 대한 평가는 항상 부와 명예가 연관되어 판단하는 사회적 분위기 속에서 진정한 의미에서 성공과 행복에 대한 기준이 마련되어야 할 것이다.

성공에 대한 진정한 가치는 주관적인 판단에 의해 확보된다기보다는 하나의 공동체 속에서 상호 유기적으로 이루어지는 것이라고 볼 수 있다. 왜냐하면 성공이 갖는 진정한 의미는 사회와 공동체를 통해 그 의미를 갖기 때문이다. 따라서 성공이 갖는 가치는 자신을 비롯하여 가족, 사회라는 공동체로부터 확보될 수 있을 것이다. 창업에서의 성공과 행복은 경제적 가치를 근간으로 하지만, 창업의 본질적인 관점에서 보았을 때 축적된 부를 사회에 환원함으로써 공동체와 상호 유기적인 연관성이 드러난다는 점에서 성공이 갖는 진정한 의미가 확보될 것이다. 창업이 갖는 진정한 의미는 지금까지 간과해 왔던 자신과 사회와의 유기적인 연관성이라는 논리가 성공과 행복에 접맥되었을 때 비로소 드러나게 된다.

2. 성공과 행복이 갖는 의미

성공을 개인적 차원에서의 성공과 물질적 차원에서의 성공 그리고 사회적 차원에서의 성공으로 구분한다고 했을 때, 개인적인 차원에 따른 성공한 삶이 행복한 삶에 가장 근접하다고 쇼펜하우어는 그의 인생론에서 다음과 같이 지적하고 있다.

"사실 인간의 행복에 있어서, 아니 인간의 모든 생활에 있어서 가장 긴요한 면은, 분명히 자기 자신에 깃들어 있으며, 그 속에서 비롯된 것이다. 인간의 참된 행복이나 불행은 결국 자신의 감수성과 의욕과 사고 등의 종합적인 결과이며, 외부에서 일어나는 모든 사항은 단지 사소하고 간접적인 영향을 줄 따름이다."[1]

쇼펜하우어의 지적에 따르면 인생의 행복한 삶, 즉 성공한 삶의 근본은 자기 가신이 가지고 있는 정서의 만족감에 있다는 것이다. 그는 "재물이란 단지 생활의 욕구를 충족시켜 주는 것에 불과하며, 참된 행복에 미치는 영향은 보잘 것 없으므로, 너무 많은 재물을 소유함에 따라 발생하는 여러 가지 걱정으로 인해 오히려 인간의 진정한 내면적 행복을 무너뜨리게 된다."[2]고 지적하고 있다. 이는 재물이 많건 적건 간에 이에 개의치 않고 의연한 삶의 태도를 지닐 때, 비로소 만족스러운 생활을 할 수 있다는 것을 의미한다.[3] 그렇다면 물질적 성공 자체가 참된 성공이 될 수는 없을 것이다. 또한 사회적 성공에서 명예나, 명성, 존경을 얻는 것도 물론 성공이기는 하지만, 이는 개인적 성공요소인 자신이 아닌 타인에 의해 그 판단이 이루어진다. 쇼펜하우어는 다음과 같이 사회적 성공요소인 명예에 대해 다음과 같이 규정하고 있다.

"명예란 객관적인 측면에서는 우리의 값어치에 대한 제3자의 견해이며, 주관적인 측면에서는 제3자의 견해에 대한 우리의 두려움이다."[4]

사회적 성공도 성공이라고 할 수는 있지만, 다음과 같은 쇼펜하우어의 주장에서 알 수 있듯이 '명예'보다는 자신에 대해 더 큰 가치를 두고 있다.

"건강, 기분, 능력, 수입, 배우자와 자식, 친구, 주택 등이 자기에 대한 제 3자의 터무니없는 견해보다 훨씬 더 행복과 불행을 지배한다는 사실을 깨달으면 행복을 얻는 데 반드시 도움이 될 것이며, 이와 반대의 견해를 갖게 되면 불행을 초래한다. '명예는 목숨보다 더 소중하다'고 떠드는 것은, 자기의 존재나 행복은 있으나 마나하고 자기에 대한 제 3자의 견해만이 가장 소중함을 의미한다."[5]

"자기의 행복을 '참된 자아'나 '물질적 자아' 속에서 찾지 못하고 이제3자의 자아, 즉 타인의 관념 속에서 찾으려는 사람들은 개성이 빈약한 족속이다."[6]라는 쇼펜하우어의 지적에서와 같이 그러한 삶은 오로지 타인의 눈만을 의식하는 개성 없는 사람의 성공으로 전락할 우려가 있음은 물론이다. 이 말은 곧 성공을 위한 목표를 사회적 성공만을 위한 것으로 생각해서는 안 된다는 의미로 이해할 수 있다. 그렇다면 개인적 성공이 무엇보다 근본적이며 중요한 가치를 갖는 것이라고 할 수 있으며, 여타의 물질적인, 사회적인 성공은 개인적 성공을 위한 조건들이라고 할 수 있다.

긍정 심리학자 마틴 셀리그만 교수는 진정한 행복은 "첫째 기쁨을 동반하는 편안한 삶, 둘째 사회적인 참여와 개인적인 소망의 성취에 따른 만족스러운 삶, 마지막으로 특정한 일의 성취를 통해 가치를 실현시키는 의미가 있는 삶 등 이 세 가지 요소가 함께 어우러진 결과라고 주장한다. 이와 유사한 관점에서 워렌 버핏 등은 다음과 같이 주장하고 있다.

"자신이 좋아하는 일을 해서 원하는 것을 얻으면 그것이 바로 성공이고 얻은 것에 만족하면 그것이 바로 행복이다"[7]

위 주장은 행복한 사람이 성공하기도 쉽다는 의미와 함께 자신이 추구하는 목표를 달성하기 위한 과정 역시 성공 및 행복과 직접적인 연관성을 갖는다는 의미를 동시에 함축하고 있는 것이다. 미국에서 성공한 CEO들을 대상으로 성공과 행복의 상관관계에 대해 조사한 결과, 성공해서 행복했다고 대답한 사람은 37%, 행복해서 성공했다고 대답한 사람은 63%였다고 한다. 이 말은 전자의 경우 성공이라는 목표를 두고 이를 달성하기 위해 앞만 보고 달려 온 사람을 지칭하는 것이라고 한다면, 후자의 경우는 자신이 원하고, 추구하고 바라는 그 자체를 좋아하기 때문에 성공한 사람이라고 이해할 수 있다. 포드 자동차 창립회장인 헨리포드도 성공적인 인생에 대해 이와 같은 관점에서 다음과 같이 정의하고 있다.

> "세상이 자신에게 준 것보다 더 많이 세상에게 되돌려 주는 것, 그것이 바로 성공이다."

성공을 이렇게 정의할 경우 성공의 필요충분조건은 나 혼자만의 성공이 아닌 사회와의 관계성 속에서 세상에 기여할 때 비로소 성공했다고 할 수 있을 것이다. 이러한 조건이 갖는 내면적 의미는 성공이 상대적이라는 것뿐만 아니라, 주관적인 측면과 객관적인 측면이 동시에 충족되었을 때 성공이라는 의미를 부여할 수 있다는 점이다. 여기에는 옳지 않은 방법을 사용해서 목표를 달성하는 것 역시 진정한 성공이라고 할 수 없다는 점도 포함하는 것으로 받아들일 수 있다.

3. 성공적인 창업의 조건과 행복

최근 언론에 초점이 되는 몇몇 사람을 중심으로 창업을 통한 개인적 성공 이외에 사회적으로 영향력을 끼친 사례를 통해 그 시사점을 살펴 볼 필요가 있다. 국내에서 가장 성공한 외식 프랜차이즈업체 중 하나를 들라고 한다면 죽 전문점 본죽(법인명 본아이에프)을 들 수 있을 것이다. 회사 대표인 김철호 사장은 언론 인터뷰에서 "본죽은 호떡포장마차에서부터 시작된 것"이라고 말했다. 춥고 어렵던 시절의 깨달음이 자양분이 됐다는 것이다. 이제 체인점이 1,200개를 넘어섰고 프랜차이즈 우수 경영자에게 주는 '프랜차이즈 대상'에서 2011년 신설된 대통령상의 첫 수상자이기도 했다.

김철호 대표에 따르면 "회사가 망하지 않게 하여 직원들이 고통을 겪지 않도록 하는 것, 가맹점주들이 실패의 나락으로 떨어져 고통을 받는 일이 없도록 하는 것이 CEO로서 경영의 제1원칙"이라고 말했다. 본죽 가맹점들의 폐업률은 3% 미만이다. 사정상 자진 폐업했거나 부실 운영 가맹점들의 사업권을 본사가 거둬들인 것을 빼면 사실 영업 부진으로 문을 닫은 매장은 거의 없다는 얘기다. 그래서 지식경제부 주관 지속가능경영대상을 프랜차이즈 업체로서는 최초로 수상하기도 했다. 김 대표는 이에 대해 다음과 같이 말하고 있다.

"정말 운이 좋았습니다. 밑바닥에 떨어져 봤기에 성공했다고 말하는 건 정말 부끄러운 일입니다. 그런 경험을 하고 거기서 깨달음을 얻을 수 있었다는 게 정말 운이 좋았던 거지요."

처음 한 신문사 광고국에서 근무했던 김 대표는 1993년에 사업을 시작해 수입 목욕용품으로 'B&B하우스', '바디클럽' 등 브랜드를 만들며 당시 연 매출 500억원 이상을 올린 성공한 사업가였다. 그러나 1998년 IMF 외환위기 때 환율 급등으로 부도를 냈다. 살던 집도 넘어가 세 딸과 부인까지 모두 뿔뿔이 흩어져 살았다. 그는 자살하려고 한강에 여러 번 갔다"고 말했다. 그는 "마음을 비우니 사실을 인정할 수 있었고 마음이 편해졌다"고 하면서, "사업이 잘됐던 건 기적같은 일로 사실 기업의 실력은 형편없었는데 그 때 외환위기가 오지 않았다면 몇 년 뒤 더 크게 잘못됐을 것입니다."라고 술회하고 있다.

마음을 다잡은 김 대표는 서울 갈월동의 요리학원에서 무급(無給) 총무로 취직하여, 학원 한 칸에서 먹고 자면서 학원 청소를 하며 요리를 배웠다. 그는 총무로서 성실하게 일하면서 수도권 대학의 조리학과 등을 찾아다니며 학원에 대해 홍보를 해 학원생을 두 배로 늘렸다. 학원장의 양해를 간신히 얻어내 학원 앞 공터에 호떡 포장마차를 열었을 때는 양복에 넥타이를 매고 포장마차에 선팅을 하는 등 차별화를 시도했다. 호떡 누르는 기구도 따로 맞추어 기존 호떡에 비해 더 크게 호떡을 구웠고 조리법(레시피) 역시 요리학원 강사들과 상의해 개선했다. 이에 김 대표의 다음과 같은 주장 속에서 그의 경영마인드를 읽을 수 있다.

"호떡 장사 잘돼 봐야 얼마나 벌겠는가? 호떡 장사를 하면서 '음식 장사는 많이 퍼준다고 절대 망하지 않는다', '고집스럽게 정직해야 한다'는 것을 배운 것이 큰 도움이 되었다."

시작한지 1년여 후 호떡 장사를 그만두고 외식 컨설팅 업체를 차렸고 2002년 본죽을 창업해 국내의 죽 문화를 바꿨다. 그는 "경영자의 가장 큰 책무는 회사를 망하지 않게 하는 것, 특히 프랜차이즈 경영자는 가맹점주가 망하지 않게 하는 것"이라고 말했다. '잘못 판단하고 성실하지 못하고, 딴 짓 하다가' 또 다시 자신처럼 나락으로 떨어지는 사람을 만들면 안 되기 때문이라는 것이다. 요즘 김 대표는 '함께 나누려고' 애쓴다. 지난해 '본사랑재단'을 설립하여 다문화 가정과 불우이웃에 죽을 지원하고 장학사업도 벌이고 있다. 김철호 사장의 경우 창업의 성공과 행복은 창업 후 부와 명예보다는 아름다운 사람들이 모여서 나눔 및 배움의 역사를 만들고 회사의 행한 일들이 사회의 멘토가 될 수 있도록 사회적 가치를 부여함으로써 성공적인 기업적 가치를 지니는 사례라고 할 수 있다. 다음으로 안철수 교수의 사례를 보자.

안철수 교수는 의사이자 프로그래머, CEO이며 베스트셀러 작가, 석좌교수, 대학원장이기도 하다. 그만큼 모든 방면에서 최고의 역량을 보여준 인물로서 도덕성, 진정성, 소통능력, 열정, 탈권위주의 및 수평적 사고, 경영과 기술의 융합, 공감과 감성, 통합력 소유자로 부와 명예도 많지만, 남과 사회를 먼저 배려하고 존중하는 진정성이 높은 인물이기도 하여 학부모들에게는 희망이자 학생들에게는 국민의 멘토이기도 하다. 그리고 무료로 백신 보급은 물론 사회적 기업 1호나 다름없는 기업으로 공익을 실천한 것도 큰 역할 가운데 하나이다. 안철수는 창업성공 요인으로 다음과 같이 세 가지를 꼽고 있다.

"적합한 사람들이 모여라. 만들고 싶은 제품이 아니라 사용자가 원하는 좋은 제품을 만들어라. 한꺼번에 하려고 하지 말고 점진적으로 하라."

또한 안철수는 자신이 크게 성공한 것에 대해 시기가 잘 맞았다고 말한다. 바이러스는 기계어를 알아야 분석할 수 있는데 적절한 시기에 기계어를 배운 상황에서 바이러스를 만나게 되어 이런 길을 걷게 되었다는 것이다. "운이라는 것은 기회가 준비와 만난 순간이다"라고 하는데 모든 사람들에게 기회가 오지만 준비된 사람만이 그 기회를 자기 것으로 가질 수 있다는 것이라고 말한다. "성공한 사람은 재능과 노력, 운이 모두 맞아떨어진 것이며 사회가 그 사람에게 기회를 준 것이기 때문에 그것을 인정해야 한다는 것이며 사회적 성공이 혼자서 이룬 것은 아니다"라고 말한다.

그는 'CEO란 제일 높은 사람이 아니라 단지 역할만 다른 사람'이라고 여긴다. 수평적인 관계에 있으며 CEO는 대외적으로 회사를 대표하는 일을 하는 것일 따름이라는 것이 그의 기본적인 생각이다. 그는 또한 "돈벌이 수단으로 백신 사업을 시작한다면 오히려 사회에 해악이 된다."고 강조했는데 그가 와튼스쿨 MBA에서 법학 강의를 들을 때 담당 교수는 "A학점을 줄 수밖에 없는 똑똑한 학생들이 있었는데 10년 후에 보니 대부분의 학생들이 감옥에 가 있었다."고 말했다며 똑똑하지만 개인적인 성공만 추구하는 사람들이 우리 사회에 도움이 되는지에 대한 의문을 갖게 됐다고 말했다. 2011년 12월, 안철수는 자신의 안철수연구소 주식 37.1%의 절반을 저소득 가정의 자녀 교육을 위해 사회에 환원하겠다고 말했다.

지금까지의 논의에서 그들은 단순히 현재의 생활에 안정을 추구하거나 안정적인 대기업을 목표로 하지 않고 자신이 좋아하는 일을 하고 자신 외에 주변에 대한 기여 및 참여를 전제로 창업하여 성공한 인물이라고 할 수 있다. 창업은 돈을 버는 것 이상의 가치가 있으며, 거기에는 구성원 개개인의 자아실현은 물론 함께 살아가는 사회에 기여하는 존재가 되어야 하며 보다 큰 차원의 가치도 포함된다고 생각한다. 인간의 능력은 미지의 가능성을 품고 있다. 사용하지 않은 능력을 완전히 가동한다면 과연 어떤 일까지 해낼 수 있을까? 그러한 자신의 능력을 확인해 나간다면 그것이 어떻게 보면 인생에 있어 성공과 행복을 확보하는 길이 아닐지 조심스럽게 진단해 본다.

물론 성공이라고 하는 것이 정해진 척도가 있는 것이 아니라는 점에서 진정한 의미의 성공인지에 대해서는 하나의 잣대로 규정하기는 어렵다. 그럼에도 불구하고 자신이 해낼 수 있는 개인적 성공은 물론이고 그 조건에 해당하는 물질적 성공과 사회적 성공을 확보해 낼 수 있는 기반을 스스로 마련하는 것은 행복에 이르는 지름길이 될 것이다. 물론 성공과 행복에 대한 실존적 결단은 본인의 몫이다. 그렇지만 진정한 성공이란 자아성찰을 근간으로 하는 자기만족과 더불어 그것이 자신의 만족으로만 그치지 않고 타인이 자신으로 인해 행복해지는데 있는 것은 아닐지?

1) 쇼펜하우어 저, 이중기 역(2003), 『의지와 표상으로서의 세계 외』, 집문당, 167-8쪽.

2) 쇼펜하우어(2003), 174쪽.

3) 쇼펜하우어 저, 최충림 역(1999), 『쇼펜하우어의 참된 행복』, 오늘의 책, 51쪽.

4) 쇼펜하우어(1999), 20쪽.

5) 쇼펜하우어(2003), 213쪽.

6) 쇼펜하우어(2003), 213쪽.

7) 베스 사위 역시 같은 관점에서 다음과 같이 주장한다. 즉, "추구하는 과정을 좋아하라. 당신이 추구하는 깃을 얻는 것은 성공이지만 추구하면서 좋아하는 것은 행복이다"

문화예술의 관점에서 바라본
성공과 행복

지상범

문화예술의 관점에서 바라본 성공과 행복

지상범

1. 문화예술에서의 성공과 행복

사람은 누구나 행복(幸福)을 꿈꾼다. 이는 인간의 본성 가운데 하나가 행복을 지향하는 것과 연관성을 갖기 때문일 것이다. 과학기술의 발달로 물질적인 풍요와 생활의 편리함은 과거와 비교할 수 없을 정도로 향상되었지만, 과학문명의 발달에 따른 우리의 행복지수는 과연 과거에 비해 향상되었을까? 과학기술의 발달에 걸 맞는 행복감에 대해 긍정적으로 평가하는 사람은 거의 드문 것 같다. 성공이 행복의 전제 조건이 될 수 있는가 하는 문제도 같이 고민해 보아야 할 문제일 것이다. 물론 행복의 기준에 대한 이론적 근거에 대해 다양한 관점이 제시되고 있는 것 또한 사실이다.

최근 들어 문화예술의 중요성이 강조되고 있는 것만큼이나, 경제적인 측면과 결부되면서 국가나 개인적인 차원에서 많은 관심이 집중되고 있는 것이 현실이다. 뛰어난 예술가 한 사람이 한 국가의 경제적 부를 획기적으로 창출해 내기도 하고, 문화예술 관련 산업이 한 국가의 총생산에 결정적으로 기여하기도 한다. 물론 문화가 경제에 기여하는 측면도 있겠지만, 그 사회에 속한 구성원들의 정신적인 풍요로움을 지속적으로 제공해 줄 수 있는 기반 역시 문화예술에서 매우 중요한 요소임에 분명하다. 이는 한 문화가 갖는 고유성 혹은 독자성과 연관된 것으로 이해할 수 있다.

이와 연관하여 다음과 같은 물음이 제기될 수 있다. 그렇다면 문화예술의 관점에서 바라본 성공과 행복은 무엇일까? 이 말은 어떤 예술인이 성공했다고 했을 경우 그 성공의 기준은 무엇이며 어떤 기준을 만족했을 때 행복하다고 할 수 있는가에 관한 문제일 것이다. 일단 성공에 대한 기준을 주관적인 조건과 객관적인 조건으로 구분할 경우, 주관적인 조건이라는 필요조건과 객관적인 조건이라는 필요조건이 상호 충족되었을 때 충분조건을 이룰 수 있을 것임에 분명하다. 이에 대한 세부적인 논의가 필요할 것으로 보인다.

최근 여론 조사에 의하면 장래의 꿈이 연예인이라고 응답한 청소년이 70% 이상이나 된다고 하는 결과가 보여주듯이, 문화예술에 대한 관심이 앞으로도 더 클 것으로 예상된다. 이는 문화예술이 경제적인 가치의 창출과 관련하여 의미 있는 답변으로 받아들일 수도 있겠지만, 무엇보다 인간의 본성을 가장 잘 실현해 줄 수 있는 분야라는 측면도 반영하는 것으로 이해할 수 있다. 문화예술에서의 성공과 행복에 대해 데일 카네기에 따르면, '성공은 원하는 것들을 얻는 것이고 행복은 얻은 것들을 원하는 것'이라고 언급하고 있다. 이 말은 '원하는 것들을 얻는다'는 그의 표현에는 자신이 하고 싶은 것을 하고 스스로 바라는 바를 충족한다는 의미로 받아들일 수 있다. 또한 '얻은 것들에 대해 바라는 것'이라는 표현은 자신이 원하는 것을 얻었고 그것이 내가 바라는 것이라는 의미로 해석할 경우 '더 이상 바랄 것이 없다'는, 즉 자족적인 것임을 시사한다. 러시아의 전설적인 발레리나 안나 파블로바는 성공과 행복에 대해 다음과 같이 언급하고 있다.

> "성공은 행복이 아니다. 행복은 잠시 나타나서 우리를 즐겁게 해주고 날아가 버리는 나비와 같은 것이다."

이러한 그의 주장 속에 성공은 '얻은 것들에 대해 바라는 것'이라는 앞에서의 표현을 통해서도 알 수 있듯이 자신이 원하는 바에 대한 성취와 관련된 것이라고 한다면, 행복은 더 이상 바랄 바가 없는 그 자체로 자기-충족적인 것임을 알 수 있다. 성공과 행복에 대해 일반적으로 유사성을 갖는 것으로 이해할 수도 있겠지만, 분명한 것은 양자가 전적으로 차별성을 갖는다는 사실이다. 지금까지의 논의에 비추어 그러한 문화예술의 관점에 따른 성공과 행복에 대한 보다 구체적인 논의가 필요할 것이다.

성공이란 무엇인가에 대한 답변은 매우 다양할 수 있겠지만, 일반적으로 성공은 다음과 같은 세 가지 관점에 따라 구분할 수 있다. 첫째, 자신의 삶에 대한 만족과 보람 등 주관적인 감정에 비추어 바라는 바를 충족했을 경우 개인적인 차원에서 성공이라고 할 수 있을 것이다. 둘째, 사회에서 일반적으로 바라는 바와 관련된 것으로 재화나, 지위, 지식 등을 개인이 추구하는 목표와 결부해서 달성했을 경우 성공이라고 할 수 있는 경우이다. 이는 물질적인 성공과 관련이 있다. 셋째, 명예와 명성, 존경 등 사회적 배경에 의해 판단되는 사회적 성공을 들 수 있다.

　물론 성공과 행복을 별개로 여길 수도 있겠지만 공통분모가 존재하는 것은 사실이라는 점에서 성공을 행복과 분리해서 생각하기는 어렵다. 궁극적으로 성공이란 무엇인가 라는 물음에 대한 가능한 답변은 무엇보다 성공은 자신에 속한 사안이라는 점이다. 이 말은 객관적으로 성공했다고 할지라도 자신이 성공했다고 받아들이지 못한다면 과연 성공했다고 할 수 있는가? 라는 점이다. 이 말은 성공은 스스로 행복감을 갖는 것과 밀접하게 연관되어 있다는 의미로 받아들일 수 있다. 그래서 성공의 근거는 자신에게 있는 것이며 성공의 목적 또한 자신의 행복에서 비롯되기 때문이다. 그래서 성공이 개인에 따라 차이가 있는 것과 마찬가지로 행복 역시도 개인이 받아들이는 바에 따라 차이가 날 수밖에 없다. 개인의 성격이나, 가치관에 따라 차이가 존재한다는 관점에 비추어 보았을 때, 개개인이 갖는 주관적인 관점에 따라 만족감에 차이가 나는 것처럼 심적 상태 역시 개개인에 따라 얼마든지 다를 수 있다. 심리학자 메슬로(Abraham H. Maslow)는 개인의 심적 상태와 관련하여 다음과 같이 지적하고 있다.

"사람의 욕구는, 어느 단계를 달성하게 되면, 계속해서 더 높은 단계를 기준으로 삼기 때문에, '절대적 행복'이라는 것은 존재하지 않는다. 또한, 행복지수를 수치화(정량화)하는 것은 불가능하다. 또한 개개인의 영역을 살펴보아도 행복은 상대적이며, 이전에 충족시키지 못하였던 어떤 상태가 충족되었을 경우, 그것은 이전의 상태와 비교해서 행복하다고 볼 수 있을 것이다. 그러나 이러한 욕구의 정체를 모른 채, 자신이 무엇을 원하고 있는가를 이해하지 못하여 초조감에 쌓인 사람이나 욕구 충족을 최우선으로 사고하여 욕구가 한없이 팽창하여 그것을 채우지 못하여 괴로워하는 사람 또한 적지 않다."

이러한 관점에 비추어 보았을 때, 문화예술에서의 성공과 행복 또한 예외일 수 없다. 문화예술의 관점에서 볼 때 하나의 작품이 만들어져 세상에 내놓을 때, 그 인고의 과정과 고뇌 그리고 개인이 갖는 수많은 문제들에 비추어 볼 때, 두 가지 관점에서 판단할 수 있을 것이다. 하나는 개인적인 고뇌와 고통의 세월을 감안했을 때 사회적으로는 성공했다고 할지라도 개인적으로는 전혀 그렇지 않은 경우를 생각해 볼 수 있다. 다른 하나는 그러한 일련의 결과에 대해 개인적으로는 성공했다고 여기며 또 행복하다고 할지라도 사회적으로 전혀 그렇지 않은 경우를 생각해 볼 수 있다. 둘 중 후자의 경우 그 판단이 사실상 쉽지 않다. 왜냐하면, 하나의 작품이 기획되어 세상에 내놓을 때까지의 인고의 세월과 어려움, 고통, 개인 및 가정사 등을 염두에 두었을 때, 평탄한 삶이 아니었음에도 불구하고 스스로 성공했다고 여기는 것과 무관하게 사회적으로 타인에 의해 성공으로 인정되는 경우가 얼마든지 있을 수 있기 때문이다.

결국, 문화예술의 관점에 따른 성공과 행복에서 개인적으로 충족된다고 할지라도, 사회적 혹은 객관적인 측면에 따른 성공, 즉 타인의 인정에 따른 성공과 행복이라는 측면을 배제하기는 어려울 것 같다. 그렇다면 인간이 적어도 사회적인 존재라는 측면을 감안했을 때, 하나의 작품이 기획되고 완성될 때까지 고뇌의 과정은 앞에서 언급한 '하고자 하는 바를 이룬 것'이라는 측면에서 성공뿐 아니라 '얻은 것 그 자체로 바라는 것'이라는 행복을 아우르는 개념으로 이해할 수 있다. 그렇다면 스스로 만족하는 성공이라 할지라도 타인의 인정을 배제된 성공은 제한적일 수밖에 없다.

2. 예술가의 관점에서 본 성공과 행복

　　문화예술에서의 성공이라는 개념에 대한 이해를 위해 문화예술
인들의 삶을 돌아볼 필요가 있다. 왜냐하면 한 예술가의 성공적인 삶
에 대한 담론은 예술 자체에 대한 이해를 위해 필수적이기 때문이다.
예술작품에는 작품 구상의 시점이나 작품을 만드는 과정에서의 시점
만이 작품의 완성도를 결정하는 것은 아니다. 여기에는 작품의 배경
과 작가의 의도, 시대, 관점 등 다양한 방식으로 개입되기 때문에 예술
가의 생애와 그가 몸담고 있던 시대에 대한 이해는 작품을 이해하는
데 결정적으로 기여하게 된다. 문화예술 분야에 속한 화가, 작가, 배
우, 가수, 조각가, 전통예술가, 도예가 등은 작품 속에 그의 삶을 담
고, 시대를 담고, 세계를 담는 것이다. 뛰어난 예술작품을 남긴 예술가
에게서 시대를 넘나드는 심미적 가치를 발견하는 것도 이 때문이다.
무엇보다 시대를 달리하면서 작품이 경제적 측면에서 많은 부가가치
를 창출해 내기도 하지만, 여기에는 단순히 재화로 환산되는 가치만
을 포함하고 있지는 않다. 여기에는 정신적 가치와 유산으로서의 가
치, 시대를 관통하는 가치 등을 포함하고 있기 때문이다. 더 나아가
예술가 자신의 고유한 혼이 깃들어 있다는 점에서 유일한 가치가 내
재된 것으로 이해할 수 있다.

　　예술가들이 갖는 이러한 고유한 가치는 객관적으로 확보되기
도 하지만 주관적으로 확보되는 것이기도 하다. 이를 성공과 결부지
었을 때, 성공이 갖는 의미를 주관적으로만 판단할 수 없는 문제이기

도 하지만, 객관적으로만 판단할 수도 없는 문제이다. 왜냐하면 예술가들의 생전과 사후에 따라 많은 차이가 있을 수도 있기 때문에, 생전에는 객관적 성공과 무관하지만 사후에 성공한 예술가로 받아들일 수도 있다. 역으로 생전에는 성공한 예술가로 평가되었지만, 사후에 그렇지 못한 경우도 얼마든지 있을 수 있기 때문이다. 그렇다면 이를 행복이라는 관점과 연관지었을 때, 과연 그들은 행복했다고 할 수 있을까? 라는 의문이 들지 않을 수 없다. 즉 주관적인 성공과 객관적인 성공, 그리고 이는 행복과의 상관관계에 대한 물음이다.

　'소' 그림으로 유명한 "이중섭"은 회화 도구를 구입할 수가 없어 공사장에서 담배곽 속 은박지에 그림을 그렸다고 한다. 이 때 그린 그림이 지금은 그 예술적 가치가 높게 평가되지만, 당시에는 그렇다고 할 수 없을지 모른다. 그림을 그릴 당시 너무나 어려운 삶의 연속이었으나 그림을 그릴 때만큼은 오직 그림만을 생각했으며 그 자체로 행복한 것으로 알려져 있다. 소나무 사진으로 유명한 작가 배병우는 당시 "예술가로서의 실력을 따지기에 앞서 인간으로서의 기본적인 태도를 잃어버려서는 안 된다"며 "느긋하게, 밥 세 끼 먹고 작업할 수 있는 돈만 생기면 행복하다고 생각하고 꾸준히 업을 할 것"을 당부한 것으로 유명하다. 사실주의 화가, 쿠르베(Courbet)는 천사를 그려달라는 부탁에 "천사를 데려오라."고 거절하면서 "나는 눈에 보이는 것밖에 그리지 않는다."고 대답했다고 한다. 노벨문학상 수상자 마르케스는 원고를 출판사에 보내기 위해 우체국에 갔으나, 우편요금이 모자라자 그는 원고를 반으로 잘라서 반만 부쳤고 아내의 헤어드라이어를 팔아서 나머지 원고를 부칠 수 있었는데 이때의 작품이『백 년 동안의 고독』이다. 포크너에게 "왜 작가가 되었느냐?"라는 질문에 대해 "연필과 종이 그리고 약간의 담배만 있으면 되는데… 이 간단한 직업을 내가 왜 선택하지 않겠느냐."라고 대답했다고 한다.

위의 사례를 통해 알 수 있듯이 문화예술의 관점에서 성공적인 삶과 행복은 반드시 일치한다고 보기 어렵다. 주관적인 만족 혹은 성공이 객관적인 성공으로 이어지지 않을 뿐만 아니라, 그렇다고 해서 객관적인 성공이 반드시 주관적인 성공으로 이어지는 것도 아니다. 작품을 통해 자신의 세계를 표현한다고 하는 것이 어떻게 보면 주관적인 것에서 출발하지만, 그 종착점이 객관적인 측면에 도달한다고 보기도 어렵다. 출발과 그 종착점이 일치되면 이상적이겠지만, 그렇지 못한 것이 현실이고 보면 늘 자신과의 투쟁과 고뇌 속에서 때로는 부수적으로 얻어지는 것이기도 하겠지만, 이는 삶의 여정 속에 시간의 초월하는 심미적 감성이 객관화되어 가는 과정이라고 볼 수 있다.

물론 작품에 몰두할 때의 행복감은 곧 예술에서의 출발점을 이룬다. 이는 작품을 완성하기까지 수많은 시간과 고뇌에 찬 열정을 바쳐야만 하는 예술가의 감성은 그것이 갖는 고유한 가치라는 측면에서 주관적인 것에서 출발하여 객관적인 것에 맞닿아 있는 문제로 받아들일 수 있다. 결국 성공과 행복은 개인적이며 주관적인 것에서 출발해서 객관적인 가치와 연속선상에서 서로 이어져 있는 것이다. 결국 문화예술에 따른 평가 역시 주관적인 측면과 객관적인 측면에 의해 확보된다.

3. 감상자의 입장에서 본 행복 [2)]

예술이 갖는 개념은 시대와 상황에 따라 얼마든지 달라질 수 있다는 점에서 영속적이라고 보기 어렵다. 그런 의미에서 다양한 예술의 본질을 알고 예술을 접한다면 감상자의 입장으로서 작가들의 시대적 반영이나 표현하고자 하는 뜻과 소통하여 좀 더 친밀하게 접근할 수 있을 것이다. 따라서 다양한 예술적 관점에 대해 살펴보고 감상자로서의 행복에 대한 이해를 돕고자 한다.

플라톤의 의하면 예술은 그 자체가 기술(skill)이면서도 다른 기술들과 차별화되며 사물에 대한 모방을 통해 형상을 재현한다는 것이다. 그러나 현실적 꿈이나 지각적 환영과 같은 것은 거짓된 현상(doxa)일 뿐이라는 것이다. 이러한 이유에서 플라톤의 견해에 따르면 예술가들은 사물의 단편이나 왜곡된 것을 재현하거나 모방하기 때문에 좋아하지 않았고 그러한 예술가들은 이데아에 도달할 수 없다고 믿었던 것이다.

그러므로 궁극적으로 미(美) 또한 이데아(idea)를 통해 얻을 수 있다는 플라톤의 관점에 따를 경우, 예술가들이 작품에서 표현 하고자하는 미는 미의 형상을 드러내는 것이며, 결과적으로 아름다움은 유용성뿐 아니라 감상을 통해 즐거움을 주는 것이라고 한다. 이러한 견해는 현대 사회에서도 예술을 보는 보편적인 시각으로 굳어져 있어서 추상적인 예술작품에 대해 일반 사람들은 미를 느끼지 못한다는 것이다. 그렇다면 원색과 단순한 선의 반복이 특징인 칸딘스키 작품의 경우 플라톤의 관점에서 어떻게 이해할 수 있을까?

비록 칸딘스킨과 같은 맥락의 예술작품들이 플라톤의 관점에서는 훌륭한 작품으로 인정되지 않는다고 할 수도 있겠지만, 미에 접근하는 방식을 나름대로 소유하고 있으며 그들은 광기와 영감을 통하여 미의 본질을 표출해 내고 있다는 점이다. 또한 비록 모방이 "현실적 꿈이나 지각적 환영과 같은 것이며 이 모두는 거짓된 현상일 뿐"이라고 하더라도 이성적 동물로서 인간이 모방을 통해 즐거움, 쾌락 등을 통해 감정을 정화하는 중요한 수단이 될 수 있는 것으로 이해할 수 있다. 그래서 아리스토텔레스는 플라톤이 부정했던 시(詩)나 예술이 거짓된 현상이라는 것에 대해 다른 관점을 제시하면서 사람들이 모방을 선호하고, 이를 수단으로 한 예술적 활동에서 쾌락을 얻는 이유에 대해 잘 설명해 주고 있다.

아리스토텔레스에 따르면 비극이 갖는 고유한 행복감은 "모방을 수단으로 연민과 공포에서 비롯되는 행복이다"라고 말하면서 사람들이 비극에서 행복을 얻는 이유는 자신의 경험과 비슷한 모방된 비극을 보면서 연민을 느끼기 때문이라고 말하고 있다. 극적인 사건들이 아무리 연민스럽고 무섭고 두려운 상황의 전개라 할지라도 그것들이 불러일으키는 마음과 정서의 고통들이 즐겁고 행복감을 불러일으키는 것은 그것이 모방, 그것도 중요하고도 흥미 있는 사물들의 모방이기 때문이라는 것이다. 즉 자신이 직접적으로 겪은 일련의 비극적인 일들에 대해서는 현실적인 이해와 고통 그리고 공포라는 감정이 들기 어렵지만 비극에서는 현실의 모방을 통해 연민을 구축한다는 것이다.

따라서 플롯(plot)[1]은 비극예술의 목적 말하자면 비극 예술의 정신이라고도 하며, 때로는 플롯의 서사 구조를 간과해 버리기도 하는 영화에서는 관객으로 하여금 거리두기를 통해 보다 비판적인 관람을 요구하기도 하는 것이다. 또한 우리가 예술을 통하여 희열이나 감정의 카다르시스를 느끼기도 하는데 카타르시스는 관객이 아닌 극 중 인물을 통해 이루어질 수 있고 이를 감상하면서 관객은 인물을 동정하거나 순간적으로 주인공과 하나가 되기도 하는 것이다. 그래서 감정의 정화를 통해 나쁜 정서들을 제거하거나 행복한 마음이 들기도 하는 것이다.

예술도 시대에 따라서 시대적 환경이나 정서에 따라 변하고 있다. 고대에는 수공예와 같은 기술적이며 지적 능력을 요구하는 예술들이 주를 이루었지만 근대에 들어와서는 모방을 추구하는 예술로 그 범위가 새롭게 한정되었던 것이다 그래서 흔히들 정서의 표현은 예술의 성격이라고 말한다. 작가가 작품 속에 어떠한 정서를 녹여내면 사람들은 작가의 작품을 통하여 그 정서를 느끼게 되는 것이다. 그리하여 작가들의 성공적인 형상화는 그것이 관객에게 예술가와 똑같은 정서를 환기시키는 것이라고도 할 수 있을 것이다.

대중들은 예술작품을 통해 정서를 느끼고자 하는 욕구가 강할 뿐만 아니라 심리적인 측면이기에 예술의 고유한 본성과 관련지을 수 없으나 작가가 작품을 창조하는 과정에서 그가 느낀 감정들은 다듬어진 최종 상태만이 보여 지기 때문에 관객에게 작가의 정서를 성공적으로 전달하는 것도 필요할 것이다.

그래서 예술에 대한 정서의 중요성에 대하여 톨스토이는 "예술가는 정서적 경험을 통해 영감을 얻어 작품 속에서 구현한다."고 했던 것이다 그러므로 아름다운 정서적 경험이 많은 작가 일수록 더 많은 예술작품을 구현하고 나아가 감상자들과 더 많은 작품을 통하여 정서를 전달할 수 있을 것이라고 볼 수 있을 것이다.

이러한 작가들로 인한 예술 활동의 산물인 작품의 장점은 그 작품이 생성될 당시의 조건과 전혀 무관하게 작품만을 통하여 감상한다는 것이다. 그래서 작품 감상에 대하여 여러 의견이 있을 수 있다고 보지만, 호스퍼스에 따르면 작품을 감상한다는 것은 작가가 작품을 창조하는 과정에서 겪은 경험과 과정보다는 관객이 그 작품만을 통해 얻은 감상이 중요하다는 것이다. 또한 우리가 접하게 되는 수많은 예술작품을 주목하게 만드는 것은 작가들의 뛰어난 상상력의 성과인 것이다. 그렇다면 우리가 작품을 통해 정서를 느끼는 것은 작품 속에 구현된 작가의 상상력에 의해 불러일으키는 것이라고 볼 수 있다.

　　작가의 정서에 대해 톨스토이는 상상력이란 요소를 배제했지만 콜링우드는 '작가의 정서는 표현으로 그리고 그것은 상상력에 의해서'라고 말한다. 예술작품은 그 자체가 일차적으로 예술가 본인에게만 가치를 지니는 것으로서 있지만 예술은 자기 성찰의 결과이며 자의식에 따른 것으로 비쳐질 수 있지만, 이것은 작가 자신이 속한 공동체 의식을 표현하는 활동으로써 감상자 또한 그것을 통해 동일한 정서를 느끼게 되는 것이다. 그래서 작가들의 작품을 감상함에 있어 '예술은 관조가 아니라 행동'이라는 말은 예술 작품에는 물리적 성질을 갖고 있지 않는 것들이 있기 때문에 관객들은 상상을 통해 그것들을 마음속에서 재창조해야 하는 능동적인 참여가 필요하다는 것을 의미한다. 능동적인 참여가 진정한 예술을 대하는 감상자의 자세일 것이다.

　　예술비평의 경우 예술가보다는 작품을 중심에 놓아야 하며 작가의 개인적인 정서로서 작품을 이해하는 것이 아니라 작품을 통해 작가의 의도를 재현해 내는 것은 무엇보다 중요하다. 수많은 예술작품이 정서를 유발한다는 것을 인정해야 하며 이는 예술이 관객에게 행복을 줄 수 있는 여러 방법 중 하나일 것이다. 작가들 또한 감상자가 작품을 통해 감동을 얻으려 하고 있음은 당연하다. 또한 예술은 작가의 정신세계와 작품을 통하여 상상력과 감성을 표현하며, 이에 대해 감상자는 의식하며 자기 인식에 도달하는 것이다.

　　그러므로 훌륭한 예술작품의 감상에는 어느 정도의 경험과 지식이 필요하지만 예술 작품에 대한 관심과 취미를 가지고 작품을 반복적으로 감상할수록 계속해서 다양한 만족과 기쁨을 얻을 수 있으며, 따라서 예술에서 행복을 느낄 수 있는 것이다. 우리는 훌륭한 예술작품에 대해 한동안 무관심할 수도 있지만 다시 그것에 관심을 가지게 되면 감상자로서의 만족을 느끼게 되는 것이다. 보고 듣고 알고 느끼는 즐거움은 시간의 흐름에 따라 점점 많아지고 그 누구에 의해서도 손상되지 않는다. 예술작품을 감상한다는 것은 또 다른 체험이며 획득된 즐거움이요 행복인 것이다.

1) 픽션에서 작가가 의식적으로 골라 배열해 놓은 서로 연관된 사건들의 구조.
2) 2장, 3장은 메추키이란 저, 이해완 역 (2010)『예술과 그 가치』, 북코리아 / 김혜숙 저(2007),『예술과 사상』, 이대 출판부에서 부분 재인용한 것임.

종교적 관점에서 바라본
성공과 행복

이경숙

종교적 관점에서 바라본 성공과 행복 : 기독교를 중심으로

이경숙

1. 생존과 삶 그리고 행복

'당신은 지금 행복 합니까?' 라는 질문에 바로 '네'라고 자신 있게 말할 수 있는 사람은 과연 몇 명이나 될까? 행복을 무엇이라 해야 하는지에 대해 머릿속에 그려지기는 하지만, 말로 표현하려면 어떤 기준에서 무엇으로 다루어야 하는지 망설여지는 것 또한 사실이다. 사전적 의미의 행복(happiness)은 '욕구가 만족되어, 부족함이나 불안감을 느끼지 않고 안심하는 심리적인 상태'라고 규정하고 있다. 그런데 욕구는 사람마다 다르고, 부족함과 불안감에 대해 느끼는바 역시 개인마다 다르며 그 기준 또한 각각이기 때문에 행복을 한마디로 규정한다는 것은 거의 불가능하다. 행복에 대한 주제로 다루어진 영화나 책, 말 등은 무수히 많은 것을 볼 수 있다. 그만큼 사람들은 누구나

할 것 없이 행복을 꿈꾸고 갈망하며 원하고 있다는 것이다.

　　그러면 어떻게 해야 우리 인생을 '행복한 인생'으로 가꾸어 나갈 수 있을까? 우리의 인생을 수레바퀴에 비유해 볼 수 있을 것이다. 수레바퀴가 그렇듯이 인생이라는 바퀴에도 14개의 살이 있다. 그 살들이 서로 균형과 조화, 긴장을 이뤄야 우리 인생이 행복을 향해 달릴 수 있을 것이다. 하나하나의 살들은 약해 보여도 그것들이 하나하나 모여 튼튼한 바퀴를 이루고 있는 것이다. 바퀴의 살들이 서로 균형과 조화 그리고 긴장을 이루고 있으며, 어느 하나도 크기나 모양이 서로 다르거나 더 약한 것도 없다. 모두 같은 길이, 같은 굵기, 같은 강도로 팽팽한 긴장과 균형을 이루며 굴러가고 있다.

　　그러나 균형을 통해 서로 조화롭게 흘러가고 있는 것 같을 때에도 왜 우리는 행복을 얻지 못하는가에 대한 질문은 여기에서 볼 수 있다. 한 부분의 살이 망가진 수레는 끝은 있으나 즉시 멈춰서진 않는다. 우리는 그런 수레가 잠시 동안 굴러가는 모습을 보고 균형과 조화를 이룬다고 말 하지 않는 것 같이, 불완전한 것이 아닌 완전한 균형과 조화로움에 행복이 있기 때문이다. 그런데 사람들은 즉각적인 반응에만 집중하여 계속 경고를 하고 있는 어느 한 곳에는 관심 없이 행복 없는 끝을 향해 위태롭게 걸어가고 있을 뿐이다. 우리의 몸 또한 마찬가지이다. 만성폐쇄성폐질환(COPD)은 흉부부분에 이상이 생겼으나 초기에는 별다른 큰 증상이 없다. 그 작은 반응에 민감하지 않고 그냥 살아간다면 곧 우리의 심장은 뛸 수 없게 된다. 영어 'Life'라는 말에는 '생명'이라는 뜻도 있지만 '인생', '삶'이라는 뜻도 담겨져 있다. 이 말은 생명의 보존뿐 아니라, 삶 그 자체가 갖는 의미 또한 담겨 있는 것으로 해석할 수 있다. 그런데 이 단어 한가운데에 "만약, ~라면"이라는 뜻의 'if'라는 말이 들어 있는 것은 우리 인생이 정해진 대로 진행되는 것이라기보다는, 많은 변수가 있음을 시사해 주고 있다. 따라서 절대적인 행복은 인생에서의 부분(part)의 특별한 건강함이나, 그때의 반응에 안주하지 않고 주인인 자신이 취약한 부분을 얼마나 빨리 발견하고, 균형있게 관리하느냐에 따라 얼마든지 달라질 수 있다는 의미로 받아들일 수 있다.

사람들은 인생의 목적을 '성공'에 두기도 하고 '행복'에 두기도 한다. 그러나 행복과 성공의 정의는 사람마다 각기 다르다. 특히, 일반 사람들은 현세의 삶에 궁극적인 목표를 두는 반면, 기독교인들은 현세의 삶이 끝이 아니라 육신을 벗고 난 이후 영원한 삶이 있다고 믿는다. 그래서 기독교인들에게 있어서 현세의 삶은 과정으로만 받아들이기에, 성공과 행복 역시 육신을 지닌 현세적 삶에 궁극적인 목표를 두지 않는다. 그런 점에서 기독교인들에게 있어 성공과 행복은 현세에 목표를 두는 관점과는 근본적으로 차이가 난다. 여기에서 무엇보다 중요한 것은 믿음이다. 이를 유추해 해석해 본다면 행복과 성공을 굳이 별도로 구분할 필요가 없다는 사실이다. 왜냐하면 성공과 행복은 믿음 안에서 이루어지고 또한 행복하지 않은 성공이란 아무런 의미가 없기 때문이다. 이를 '행복한 성공'이라고 했을 때, 기독교인 관점에서 구체적으로 어떻게 이해할 수 있을까?

2. 행복이 갖는 의미

최근 참살이(well-being)가 많은 사람들에게 가장 큰 화두 가운데 하나이다. 이렇듯 현대인들에게 있어 건강이 마치 신앙과 같은 현상으로 자리 잡아 가는 듯하다. 건강과 행복에 대한 관심은 아마도 대부분의 현대인들에게 있어서의 삶이 자신이 원하는 대로 이루어지지 않고 있다고 생각하기 때문일 것이다. 미국의 정신 건강 통계에 따르면, 우울증은 1960년보다 10배나 증가했을 뿐만 아니라, 발병하는 평균나이가 29.5세에서 요즘은 14.5세로[1] 낮아졌다고 한다. 최근 미국의 대학생들을 조사한 연구에서, 거의 45%의 대학생들이 우울증이 심해서 능력을 발휘하지 못하고 있는 것으로 보고된바 있다. 그렇다면 생존을 위한 무한경쟁 속에서 살아가는 한국인의 정신건강에 대한 문제는 미국인보다 심하면 심했지 덜하지 않을 것으로 보인다. 이를 종합해볼 때 성인뿐만 아니라, 입시경쟁에 시달리는 청소년에 이르기까지 정신 건강에 심각한 위협으로 다가 오고 있을 것으로 판단된다. 그래서 이러한 문제들로 인해 현대인들이 행복을 추구하는 것에 대해 오히려 집착하는 현상으로 드러나는지도 모르겠다.

현대인들은 행복의 추구에 대한 지나친 맹신이 갖는 통상적인 오해를 가지고 있는 것 같다. 행복을 추구하기 위해서라면 다른 모든 것을 희생하면서까지 행복을 추구해야 한다는 인식이 바로 그것이다. 탈벤 샤하르는 헤르만 헤세의 말을 빌어 "인생에 주어진 의미는 다른 아무 것도 없다네. 그저 행복하라는 한 가지 의무뿐. 우리는 행복하기 위해 세상에 왔지"라고 언급하고 있다. 이는 인생에서 추구해야 할 것이 오직 행복뿐이라는 인상을 심어줄 수 있는 내용이다. 그는 또한 행복이란 "마음먹기에 달려 있음을 잊지 말라!"고 언급에서 드러나듯이, 행복에 대한 이해가 제한되어 있는 일반인들에게 행복이란 '마음먹기'에 따라서 쉽게 성취될 수 있다는 인식을 심어줄 수 있다고 본다. 이러한 점이 오히려 행복 그 자체를 맹신하는 결과로 나타나는 경향이 있다는 점이다. 이러한 측면은 행복에 대해 오해의 소지가 있을 수 있다는 점에서 보다 깊은 통찰이 요구된다.

행복의 사전적 의미는 '심리적 안녕상태'를 말한다. 즉, 행복은 "만족감에서부터 시작하여 강렬한 기쁨에 이르는 모든 감정 상태를 특징짓는 안녕(安寧)상태"를 의미하는데,[2] 곧, 기쁨, 환희, 희열, 황홀감, 사랑 등과 같은 감정들이 혼재되어 있다. 이런 감정상태가 인간에게 매우 강하게 작용하기 때문에 이러한 감정 상태를 추구하고 갈구하게 된다. 물론 이러한 감정 상태를 느끼는 것 자체가 문제가 되지 않는다고 생각할 수도 있겠지만, 이에 도달하기 위한 방식이 어떤 것이냐에 따라 문제가 발생할 수 있다. 말하자면 목표에 도달하기만 한다면 어떠한 방식도 좋다는 식의 관점은 경계할 필요가 있다.

이러한 왜곡된 행복 추구의 사례 가운데 하나가 바로 '쾌락'이다. 행복을 심리적 감정 상태로만 받아들일 경우 쾌락과 구분하기 어렵다는 점이다. 쾌락은 엄밀히 말해 "신체상 자연적으로 도취된 기분"을 의미한다. 쾌락은 뇌에서 호르몬이 분비되어 느껴지는 쾌감을 의미하는데, 곧, 음식, 섹스, 약물과 같은 쾌락 자극물로 인해 뇌가 반응해서 신경전달 물질인 도파민(dopamine)이 분비되어 기분 좋게 느껴지게 되는 것이다. 그래서 이 쾌락을 경험하면 일시적으로 기분이 좋아지기 때문에 사람들은 같은 정도의 쾌감을 느끼기 위해서 자극의 정도를 점차로 높여가거나, 새로운 자극원을 찾게 된다는 사실이다. 그러므로 인간이 추구하는 행복은 쾌락과는 구분되는 것이다.

이에 비해 행복은 일시적인 자극과는 다른 감정 상태를 의미하는 것으로 보다 포괄적이고 심미적이다. 그래서 마이클 아가일에 따르면 행복은 '만족감, 긍정적 정서와 부정적 정서를 동시에 지니는 것'이라고 밝히고 있다.[3] 그런데 행복은 경험적인 만족감, 긍정적 정서와 부정적 정서가 동시에 공존하지만 만족감과 긍정적 정서가 보다 강하게 작용한다는 점에서 장기간에 걸친 내적 감정이라고 할 수 있다. 리처드 스티븐스는 이러한 장기간에 걸친 긍정적 상태의 내적 감정을 원하는 대로 바꾸는 것이 쉽지 않다는 것을 인정하고 행복에 이르는 현실적인 대안을 제시하고 있다. 즉, 외적 환경을 원하는 대로 바꾸지는 못해도 자신이 원하는 감정 상태를 어떻게 받아들일지 여부에 대해서는 결정할 수 있다는 것이다. 그래서 그는 "긍정적인 생각을 계속하다보면 기분도 좋아질 수밖에 없기에 '좋았던 일'을 떠올려 보는 습관"을[4] 지속적으로 유지하는 것이 행복을 '키우는데' 매우 효과적임을 주장하고 있다. 이와 같이 현재 '행복'하지 않은 상태에서 '행복했던 기억'으로 옮겨 머물러보는 형태의 의식적 노력을 추천하고 있다. 이런 방법이 어느 정도 경험적으로 효과적일 수 있다는 점을 시사하고 있다.

그럼에도 불구하고, 이상과 같은 인간적 노력이 실존적 존재로서 근원적인 문제를 극복하기에는 어려움이 있을 수 있다. 말하자면, 인간이란 실존적 존재의 존재론적 탐구를 통해 근원적으로 그리고 항구적으로 행복한 상태에 머무는 가능성에 대한 탐구가 요구되기 때문이다. 이런 점에서 행복의 길에 대한 기독교적 관점에서의 접근이 중요한 수단이 될 수 있다. 왜냐하면, 세속화된 풍조 속에서 행복의 추구가 피상적인 행복의 추구로 변질되지 않을까하는 우려 때문이다. 행복심리학자들은 인간은 행복하기 위해 태어났다고 주장하고 있다. 이러한 주장을 십분 인정한다고 해도, 이에 이르는 과정에서 인간의 의지적 노력만으로 행복에 이를 수 있는지에 대해서는 장담하기 어렵다. 그래서 이상과 같은 행복심리학자들의 주장을 기독교적 관점에서 비추어 볼 경우 피조물로서의 한 인간의 본래적 삶의 목적이 행복추구와 어떤 관계가 있는지 대한 논의가 요구된다.

다시 말해 기독교적 관점에서 행복과 '감사'의 관계는 매우 중요한 주제 가운데 하나이다. 즉, 인간은 행복해서 감사한 것인지 아니면 주어진 것에 대한 감사로 인해 행복한 것인지에 대한 문제로 귀결된다.[5] 상식적으로 인간이 행복한 상태에서는 거의 대부분이 쉽게 감사할 수 있다. 하지만 그 반대 상황에서는 그렇지 않다는데 대체로 공감할 것이다. 문제는 전자의 양호한 삶의 상황보다 후자의 고난과 절망의 상황이 가장 흔하게 나타난다는 점이다. 그렇다면 어떠한 상황에서도 감사하는 마음을 가질 수 있는가 하는 것이 문제가 될 것이다. 기독교적 관점에서의 행복에 대한 추구는 감사와 밀접한 연관성을 지닌다는 점에서 이것이 행복 추구의 한 중요한 방편이 될 수 있다는 사실이다. 이와 관련하여 노빌은 『감사의 힘』이라는 글에서 삶을 살아나가는 과정에서 체험하게 되는 크고 작은 감사들이 모여 행복이란 큰 물줄기를 이룬다고 역설하고 있다.

3. 행복한 성공의 열쇠

실존주의 철학자 키에르케고르는 그의 저서에서 다음과 같은 흥미로운 사례를 들고 있다. 어느 유명한 백화점에 한 밤중 도둑이 들었는데, 그 다음날 종업원들과 손님들이 백화점에 들어왔을 때 그들은 모두 놀라지 않을 수 없었다. 도둑이 왔다간 흔적은 있었지만 물건들은 그대로 있었기 때문이었다. 그런데 더욱 놀란 것은 가격표가 뒤바뀌어 있었기 때문이다. 예를 들어 현대적 의미로 각색하면 샤넬의 대표적인 핸드백 2.55빈티지 미디움 사이즈가 시중 가격이 639만원인데 가격표에는 단돈 만원으로 붙여져 있었고, 우리나라 사람들이 많이 찾는 루이비통 핸드백은 101만 5000원인데 5,000원으로 가격표가 붙어있었다. 또한 명품 켈러웨이(Callaway)골프채 클럽은 단돈 5천원, 바나나 리퍼 블릭 양산은 2천원, 입센롤랑 향수는 단돈 천원, 반면에 백양 메리야스 한 장은 오십 만원, 중국산 슬리퍼 한 켤레는 백 만원 등등. 가격표가 모두 뒤바뀐 것이다.

도둑치고는 참 이상한 도둑이다. 이 이야기를 통해 키에르케고르가 말하려고 하는 것은 무엇일까? 가치의 본질에 대해 말하고 있는 것이다. 세상 사람들이 다 비싸다고 하는 것이 본질적으로는 쌀 수도 있고, 세상 사람들이 다 싸다고 여기는 것이 오히려 비쌀 수도 있다는 가치의 문제에 대해 말하고 있는 것이다. 우리는 인생에서 무엇을 소중히 여기고 있는가? 이 가치의 중요성을 몽골의 징기스칸을 통해 다시 한 번 살펴보자.

몽골을 통일한 징기스칸[6]은 세계 정복에 나섰다. 징기스칸은 세계 역사상 가장 넓은 땅을 지배했던 사람이다. 그 때 몽골 인구는 겨우 200만 명이었다. 전쟁에 동원할 수 있는 군사는 겨우 13만 명 정도였다. 이런 13만 명의 군사로 아시아를 넘어 유럽까지 지배할 수 있었던 비결이 무엇이었을까? 그것은 바로 승리의 핵심을 꿰뚫고 있었기 때문이다. 국방대학원의 김충녕 교수는 "징기스칸의 전략에 관한 분석"이라는 글에서 징기스칸이 승리할 수 있었던 핵심요인을 다음 세 가지로 지적하고 있다.

첫째, 군사의 수보다 중요한 것은 군사에 대한 훈련이다. 아무리 군사수가 많다 할지라도 훈련받지 못하면 그 군대는 오합지졸일 수밖에 없다. 둘째, 무기이다. 군대가 아무리 훈련을 잘 받았어도 무기가 형편없으면 소용없다. 이들의 무기는 칼, 활, 창, 올가미, 밧줄 등인데, 군사들은 말 위에서 이것들을 자유자재로 사용할 수 있었다고 한다. 셋째, 기동력이다. 몽골 민족은 말을 타고 넓은 초원을 달리며 목축하던 민족이라 어려서부터 말을 잘 탔다. 징기스칸은 '기동력이 두 배 빠르면 전력은 9배 늘어난다는 것'을 알았던 것이다. 이런 핵심적인 요소를 가졌기에 징기스칸은 13만 명 밖에 안되는 군대를 가지고도 세계를 정복할 수 있었던 것이다. 그런데, 징기스칸이 죽고 난 뒤 150년도 채 지나지 않아 몽골제국은 멸망하고 말았다. 징기스칸은 절대 성을 쌓지 말라고 했는데, 그 후예들은 성을 쌓아 거기에 안주 했고, 또한 성안에 온갖 보물과 미녀들을 불러 모음으로 해서 결국 망하게 되었다. 그건 핵심가치에서 이탈하였기 때문에 멸망하게 된 것이다.

위 두 가지 이야기에서 생각해 볼 수 있는 것은 '가치'의 중요성과 핵심적인 가치를 알아야 성공할 수 있다는 의미를 담고 있다. 여기에서 제기될 수 있는 물음은 '그렇다면 성공은 무엇인가?'와 '어떻게 해야 성공했다고 할 수 있는가?'이다. 세상 많은 사람들은 많은 돈을 벌고, 높은 지위를 얻어 현실적인 목적을 달성하면 성공했다고 말한다. 그렇다면 성공이란 정말 그런 것일까? '성공'이라는 사전적인 의미는 '목적하는 바를 이룸'으로 규정하고 있다. 이 의미대로라면 무엇이든지 목적한 바를 이루기만 한다면 성공했다고 말할 수 있을 것이다. 그러나 기독교적 관점에서 말하는 성공은 이와는 전적으로 차별성을 지닌다.

기독교적 관점에서 자신이 목적한 바를 이루었다고 해서 성공했다고 하지는 않는다. 기독교적인 성공이란 자신이 누구인지에 기독교적 선택과 결단을 통해 자신이 행해야 할 바로서의 사명이 무엇인지에 대해 알고 난 후 이를 이루기 위해 노력하는 삶으로 받아들일 수 있다. 즉, 성공에 대한 기독교적 판단은 사회적인 판단과는 전혀 다르기에 기독교인은 '기독교적 관점에 따른 성공의 가치'에 대한 믿음을 통해 속세의 가치를 초월해 절대자에 대한 구도 속에서 성공했다고 할 수 있을 것이다. 이 경우 절대자에 대한 믿음을 전제하기 때문에 사소한 일상의 것에 대해 범사에 감사하며 감동하는 삶이라고 할 수 있다. 여기에서 성공 역시 감사하는 삶을 전제로 하여 성립하게 된다. 그러기에 동일한 조건이지만 감사하는 삶은 풍요롭고 행복한 것으로 이해할 수 있다.

상식적이지만 주어진 환경이나 조건이 어떠하든 감사한 마음으로 이를 받아들일 때, 마음에는 평안과 기쁨이 찾아오고 따라서 행복감을 느끼는 삶이 될 것임에 미루어 짐작할 수 있다. 감사함을 전제할 경우 성공했을 때 교만하지 않으며, 실패했을 때에도 결코 좌절하지 않는다.[7] 성공한 사람들을 가만히 살펴보면 자신의 일을 소중히 여기고 열정과 도전으로 임하며 어떤 상황에서도 감사하는 마음으로 갖고 있다는 공통점을 발견하게 된다. 자신의 일터를 소중히 여기고 감사하는 사람만이 일의 즐거움을 통해 행복도 삶의 보람도 경험할 수 있게 될 것이다. 곧, "감사"는 우리 인생의 행로에서 '행복한 성공'을 이루게 될 '행복의 열쇠'가 되지 않을까?

1) 탈 벤-샤하르 저, 노혜숙 옮김(2007),『하버드대 행복학 강의: 해피어』, (서울: 위즈덤하우스), 12쪽.

2) 리즈 호가드,『(영국 BBC 다큐멘터리) 행복: 행복전문가 6인이 밝히는 행복의 심리학』이경아 옮김(2006), 예담, 27쪽.

3) 미첼 아질레 저, 김동기 역(2005),『행복심리학』, 학지사, 34쪽.

4) 김미첼 아질레(2005), 34쪽.

5) 노빌 저 , 김용남 옮김(2008),『감사의 힘』, 위즈덤하우스, 218쪽.

6) 김충영(2005),「징기스칸의 전략에 관한 분석」, 2005년 4회연재중 4번째.

7) 감사에도 단계가 있는데 그 첫 번째 단계의 감사는 조건부(If) 감사이며, 두 번째 단계의 감사는 무엇을 받았기 때문에(Because) 받은 것 중 일부를 드리는 감사를 의미한다면, 세 번째 단계의 감사는 불행을 당해도, 힘들고 어려워도, 일이 안되어도, 그럼에도 불구하고(In spite of) 감사하는 것으로 모든 악조건 속에서도 절대자의 은총으로 생각하고 범사에 감사하는 사람의 모습이다.

격언을 통해 본
성공의 지혜

임승근

격언을 통해 본 성공의 지혜[1]

임승근

1. 당신은 무엇을 꿈꾸는가?

최근 성공의 모델이 대부분 경제적으로 성공한 사람들의 모습으로만 비쳐지고 있다. 마치 하나의 정해진 기준처럼 이런 이상적인 모습을 제시하지만, 그러한 성공을 이룬 사람이 얼마나 되며 과연 그들은 자신들이 성공했다고, 그리고 스스로 행복하다고 생각하는지 우리는 알 수 없다. 그런데 일반적으로 하나같이 '성공'은 무엇보다 부와 명예에서 비롯된다고 여기는 것 같다. 성공이 무엇인지에 대해 사전적 의미는 '목적하는 바를 이룸'으로 규정하고 있다.

성공에 대한 사전적 의미는 공통적으로 '공을 이룸'이라 하여 누군가의 '목적', '목표', '뜻한 바', '공들인 바' 등의 의미를 담고 있다. 사람들의 공통적인 인식을 정의해 놓은 사전에서조차 경제적으로 혹은 사회적으로 인정받는 인간의 모습을 '성공'으로 정의하고 있지는 않다. 일차적으로 제기되는 의혹은 이러한 사전적인 의미에서도 그럴 듯이 성공이 왜 경제적, 사회적 측면에 한정된 것으로 변질되었는가? 하는 점이다. 이 말은 우리의 상식에도 부합하지 않는 개념으로 지나 치게 성공의 본질적인 의미와 동떨어져 있다는 사실이다. 현대 물질 본위의 흐름을 인정한다고 하더라도 특히 경제적 측면 자체가 곧 성 공이라는 등식이 성립하지는 않을 것이다. 그렇다면 우리는 이제 성 공의 의미에 대해 재정의할 필요가 있다. 어느 순간부터인가 그릇되게 설정되어 있는 성공에 대한 의미를 엄밀하게 재검토해 보자는 것이다. 여기에서 주목하는 것도 성공이 갖는 의미를 단순한 상식적인 의미를 넘어 동서고금의 지혜라 일컫는 속담과 격언을 통해 실천적으로 접근 할 필요가 있다.

2. 창조적 모방과 성공의 조건

창조적 모방을 모방이라고 할 수는 없을 것이다. 왜냐하면 그 어 떠한 창조적 아이디어도 모두 모방된 창작물이기 때문이다. 우리는 여행을 통해 새로운 아이디어를 얻게 된다. 사람들과 만나 대화함으 로써 혹은 고전이나 다양한 매체를 통해 새롭고 신선한 지혜를 얻을 수 있다. 글을 쓰는 것 역시 그렇다. 무에서 유를 창조하듯이 이전에 존재하지 않았던 새로운 것을 창출해 낸다는 것은 어렵다. 창조적 모 방을 통한 재창조는 바로 모방이라는 절차를 거치게 된다. 인간은 모 방을 통해 창조적 발전을 가능하게 한다. 누군가가 만든 작품은 자신 만의 작품이라기보다는 누군가의 성과에 자신의 아이디어를 덧붙인 결과인 것이다. 그러기에 무엇을 이루었다는 것은 이후의 것들과의 연결고리가 되는 가교에 불과하다.

명언을 통해 성공을 재음미하고자 한 것은 최고가 존재하기 위해서는 모방의 과정이 필수적이라고 여길 수 있기 때문이다. 벤치마킹이라는 경영기법은 다른 기업이나 경쟁기업의 제품, 조직의 강점 등을 분석해서 그것을 보고 배움으로써 기업의 성공을 좀 더 쉽고 빠르게 도출해내는 것을 의미한다. 또한 최고의 서예가가 되기 위해서는 글씨를 많이 써보는 것도 중요하지만 여러 명필가의 글씨를 따라 써보는 것도 글씨를 익히는 중요한 수단이 된다. 이렇듯 우리는 창조에 앞서 모방의 과정을 통해 배움으로써 새로운 것을 창조하게 된다. 이처럼 선인들의 지혜가 담긴 속담이나 명언을 우리의 삶의 지향점으로 하여, 하나의 역할 모델(role model)로서 여기고 이를 이해하고 받아들이려고 노력한다면 그 모방의 과정만으로 우리는 성공한 사람과 같은 생활습관과 의식을 지닌다는 점에서 더 빨리 성공의 문턱에 다가갈 수 있는 것이다.

『나를 만드는 행복계시록, 성공!』이라는 책 본문 첫 페이지에 나오는 문구인 "행복한 사람만이 성공합니다."라는 구절을 음미해 보았을 때, 성공에 대한 작가의 신념과 나의 신념이 무엇보다 일치하는 대목이다. 지금 흔히 사회에서 논하는 성공에는 성공 자체의 사상적 가치보다 경제적인 성공으로서의 의미가 더욱 만연되어 있고 마땅히 그런 것으로 인정하고 있는 실정이다. 그래서 우리는 흔히 '성공한 사람' 하면 우선 부유하고 안정된 직장, 가정생활을 하는 사람을 먼저 떠올리기 일쑤이다. 모든 사람들이 대기업 회장이나 로또에 당첨된 사람이 반드시 행복하거나 성공한 것이라고는 여기지는 않지만, 언제부터인가 우리는 돈과, 성공, 행복 이 세 가지를 하나로 연결된 것으로 여기고 또 이를 당연시한지 오래다. 그러다 보니 행복이 성공에 파생되는 부수적인 요소로 받아들이는 것 같다.

　물론 경제적 부가 행복과 무관하다는 말은 아니다. 하지만 엄밀하게 말해 물질적 풍요가 행복과 함수관계에 있지는 않다. 근대 이후 물질적 풍요가 곧 성공이라는 등식이 우리들의 인식 깊숙이 자리 잡고 있는 것이 현실이기는 하다. 우리는 경제적 풍요가 행복을 위한 하나의 수단으로서가 아닌, 경제적 여유를 통해 행복을 느끼게 되리라는 주객이 전도된 생각을 현실로 받아들인다. 경제적 부와 성공, 그리고 그 다음에 행복으로 이어진다는 생각은 자칫 우리의 미래를 전체적으로 보지 못하고 앞만 바라보게 만드는 우를 범할 수 있다.

　인간은 본성상 행복을 추구하는 동물임에 분명하다. 그런데 이 행복을 추구하는 과정에는 빠질 수 없는 필수불가결한 요소가 있는데, 그것은 바로 긍정적인 사고방식인 것이다. 누구나 한 번쯤은 긍정적인 사고방식의 중요성에 대해 들어보았을 것이다. 우리가 이토록 긍정의 힘을 중요시하는 데에는 그 안에 무한한 가능성이 존재하기 때문이다. 결국 긍정적인 사고방식이 갖는 의미는 "삶이 긍정적인 사람은 어두움 속에서도 한줄기 빛을 보며 감사와 희망을 잃지 않지만, 삶이 부정적인 사람은 빛 속에서도 한 줄기 어둠을 찾으며 자신에겐 희망이 없다고 말하며 오늘 하루도 불평으로 마감하지 않을까?"

　긍정적인 사람은 여유가 있기 때문에 자신의 처지를 잘 살펴 볼 뿐만 아니라 매사를 좀 더 유연하게 대처할 수 있는 능력을 지닌 사람이다. 이들에게 있어 실패는 배움의 과정으로 여기기 때문에 그것이 교훈이 되어 효과를 극대화할 수 있다. 이는 결국 "인간의 마음가짐은 곧 행복"이라는 의미로 받아들일 수 있다. 긍정의 토양에서 자라난 생각은 행복과 만족에 좀 더 쉽게 다가갈 수 있다. 이와 같이 보다 유연한 태도로 모든 일을 행한다면 '성공', 곧 '자아 성취'도 가까워질 것이다.

3. 성공으로 나아가는 과정

첫째, 계획(Plan)을 세워라.[2] 뭔가를 이루려면 먼저 뚜렷한 '청사진'을 준비해야만 한다.[3] 유난히 자신의 삶에 만족하지 못하는 사람들이 있다. 이들은 대개 자신이 원하는 삶에 대한 뚜렷한 목표가 없기 때문이다. 한 기업의 CEO는 "확실한 목표가 있는 사람은 언제고 회사를 키우는 인재가 되지만, 목표가 없는 사람은 그저 평범한 직원으로 머무를 따름이다."라고 지적하고 있다. 설계도가 없는 건물이 존재할 수 없듯이 어떤 일을 시작하기에 앞서 세운 뚜렷한 목표는 그만큼 자신의 미래를 보다 견실하게 만들 수 있는 것이다.

둘째, 실행(Do)하라.[4] 행동이 함께 하지 않는 이상은 '몽상'일 뿐이다.[5] 즉, "진정한 용기란 두려워하지 않는 것이 아니라, 두렵지만 행동으로 옮기는 것이다." 대부분의 사람들은 목표만큼은 거창하게 세우지만 막상 이를 실행에 옮길 때에는 불확실한 미래에 일어날 여러 가지 변수를 염두에 두면서 망설이게 되고, 결국 거창했던 목표와는 달리 소극적으로 변해가는 경우가 많다. 목표가 있다면 그 다음엔 바로 실행에 옮기는 결단력 그리고 실천력은 우리를 단순한 'dreamer'가 아닌 'activist'로 만들어 줄 귀중한 자산이 될 것이다.

매일 아침 가젤은 깨어난다. 가젤은 가장 빠른 사자보다 더 빨리 달리지 않으면 잡아먹힌다는 것을 안다. 매일 아침 사자도 깨어난다. 사자는 가장 느린 가젤보다 더 빨리 달리지 못하면 굶어죽는다는 것을 안다. 당신이 사자냐 가젤이냐 하는 것은 문제가 아니다. 해가 뜨면, 당신은 뛰어야 한다.

- 아프리카 속담

일을 시도하는 것보다 더 어려운 것은 그것을 지속적으로 유지하는 일이다.[6] 우리가 정복해야 할 것은 높은 산이 아니라, 바로 자기 자신이다.

- 에드몬드 힐러리

철학자가 학생들에게 말했다.

"오늘은 간단하면서도 쉬운 일을 가르쳐 주겠다. 매일 3백번씩 팔을 힘껏 휘두르는 거다. 모두 할 수 있겠나?"
학생들은 와그르르 웃었다. 그렇게 간단한 일을 누가 못하겠는가?
한 달 후 철학자가 물었다.
"매일 3백번씩 팔 휘두르기를 계속하고 있는 사람?"
90퍼센트의 학생들이 자랑스럽게 손을 들었다. 그러나 또 한 달 후에 물었을 때에는 80퍼센트 밖에 손을 들지 않았고, 1년 후에는 손을 든 학생이 한 명 뿐이었다.

많은 사람들이 목표를 세우고 이를 시작하는 데는 어려움을 느끼지 못하지만, '작심삼일'이라는 말이 있듯이 그 결심이 채 사흘을 넘기기가 힘든 경우를 말한다. 비록 쉽고 간단한 일일지라도 시간이 지나면서 처음 생각과는 달리 식상하게 느껴지고 결국 포기하고 마는 것이다. 어떻게 보면 모든 과정 중에서 이 과정이 제일 힘든 부분일 것이다. 자신의 정신력을 극복한다는 것은 가장 어려운 일이기도 하지만 극복할 수만 있다면, 그 무엇과도 바꿀 수 없는 궁극적인 성취일 것이다. 타인과의 경쟁에서 최고가 되려고 하기 전에 공자가 말했듯이 수신(修身)이 모든 것을 극복할 수 있는 향배가 된다. 성공은 곧 자신을 극복하는 것에서 출발점을 삼아야 한다.

셋째, Check(검토)하라.[7] 행백리자 반어구십(行百里者 半於九十, 목은 이색)이라는 말이 있는데 그 의미는 다음과 같다.

> "나가는 것이 빠르면 물러가는 것도 빠른 법. 백리 길을 가는데는 구십리가 절반이니, 처음 부지런히 하다가 나중에 게을러지기 쉽다. 현인(賢人)은 이 점을 경계해야 한다."

「行百里者 半於九十」란 시작이 반이며 끝 또한 절반이니 모든 일을 시종일관(始終一貫)되게 행하라는, 마무리의 중요함을 이르는 말이다. 치밀한 계획, 꾸준한 실천력 그리고 전부는 아니더라도 첫 계획과 같은 정도의 마무리를 짓기란 쉬운 일이 아니다. 자신을 비롯하여 대부분의 사람들이 'plan'과 'do'의 중간쯤에서 지쳐 그치는 경우가 많다. 에디슨도 몇 천 번의 실험을 통해 전구를 발명했듯이 용두사미(龍頭蛇尾)를 사두용미로 만들 수 있는 것은 다름 아닌 자신의 끈기와 신념인 것이다.

4. 인간관계의 중요성

카네기 공과대학에서 세상살이에 실패했다고 생각하는 사람 1만

명을 대상으로 그 이유를 조사해 본 결과, 전문지식이나 기술이 부족해 실패했다고 생각한 사람은 15%에 불과하다는 설문 결과가 있다. 반면 인간관계에 잘못이 있었다고 생각한 사람은 85%에 이른 것으로 나타났다. 그만큼 성공에 있어 인간관계는 매우 중요한 요소임에 분명하다. 그렇다면 인간관계의 중요성을 두 단계로 나누어서 생각해 볼 수 있다. 그 하나가 자신의 주변 사람들과의 관계성이라고 한다면, 다른 하나는 새롭게 만나게 될 사람들과의 관계성이다.

4.1 근묵자흑(近墨者黑)

"무릇 쇠와 나무는 일정한 형상이 없어 겉틀에 따라 모나게도 되고 둥글게도 된다. 또 틀을 잡아 주는 도지개가 있어 도지개에 따라 습관과 성질이 길러진다. 이런 까닭으로 주사(朱砂)를 가까이 하면 붉게 되고, 먹을 가까이 하면 검게 된다(故近朱者赤 近墨者黑). 소리가 조화로우면 울림이 맑고, 형태가 곧으면 그림자 역시 곧다."

훌륭한 스승을 만나면 스승의 행실을 보고 배움으로써 자연스럽게 스승을 닮게 되고, 나쁜 무리와 어울리면 보고 듣는 것이 언제나 그릇된 것뿐이어서 자신도 모르게 그릇된 방향으로 나아가게 된다는 것을 일깨운 고사성어로 사람도 주위 환경에 따라 변할 수 있다는 것을 비유한 말이다. 흔히 그 친구를 보면 그 사람을 알 수 있다는 속담이 있다. 이는 유유상종(類類相從)이라는 의미로 사람은 유사한 성향을 지닌 사람들끼리 무리를 만들게 마련이기 때문에 자신뿐만 아니라 그 친구의 그릇된 행실은 동시에 나와 내 친구의 얼굴에 먹칠을 하는 경우와 같은 것이다. 그래서 난 언제나 묵(墨)과 같은 사람, 특히나 매사에 부정적이고 쉽게 포기해버리곤 하는 성향을 가진 사람을 곁에 두지 않으려고 하며 동시에 내가 타인에게 이런 묵(墨)과 같은 존재가 되지 않기 위해 노력하게 된다.

위의 카네기 공과대학에서 행해진 실험에서 보듯이 우리가 평소에 주변에 있는 사람들과의 관계를 어떻게 만들어 나가느냐에 따라 얼마든지 달라질 수 있음을 시사한다. 인간관계를 인위적으로 만든다는 것이 이 사회가 추구하는 실용성, 현실성만을 추구하는 것으로 비쳐질 수 있으나, 자신에 대한 수신(修身)이 곧 자신의 인간성뿐만 아니라 주변 사람들의 인간성 또한 보여준다는 점이다. 역으로 주변 사람들의 인간성이 곧 자신의 인간성 혹은 삶의 행로가 보여진다는 사실을 유념할 필요가 있다.

4.2 첫인상 3초의 법칙

현대를 무한경쟁 시대로 이해할 경우 이는 모든 사람들로 하여금 여유와 배려를 앗아가고 있다. 치열한 경쟁사회가 사람들을 너무 민감하게 만들어가고 있지만 동시에 이 사회는 긍정적인 사고를 가진 인재를 찾고 있기도 하다. 주변 인물들과 원활한 인간관계를 유지해 나가는 것도 성공에 있어 중요한 요소가 되지만 동시에 새로 만나는 사람과도 쉽게 친화되어 자신의 편으로 만들 수 있는 힘 역시 성공의 중요한 키워드가 될 수 있다. 그렇다면 우리는 새로운 사람과 만나는 첫 대면에서 어떻게 해야 강하게 어필할 수 있을까?

3초 먼저, 내 쪽에서 인사하자. 인사 잘하는 사람은 상대가 알아보기 전에 먼저 이름을 부르고 상대가 돌아보면 생긋 웃으며 인사한다.

- 나카타니 아키히로

복은 아끼되 인사는 아끼지 말라. 석복불석배(惜福不惜拜)

- 김갑수

타인을 대할 때는 친절한 태도로 대할 것이며 미소를 잊어서는 안 된다. 미소는 가정의 행복을 더하며, 사업의 흥미를 돋우며, 친구 사이를 두텁게 하고, 피곤한 사람에게 위안을 주며, 낙담한 사람에게 희망을 주며, 우는 사람에게 위로를 준다. 그러므로 남이 좋아하는 사람, 곧 좋은 인상을 받기 원하는 사람은 그리고 쾌활함과 행복감을 찾으려는 사람은 '미소'라는 두 글자를 지니도록 하라.

-D. 카네기

사람이 10초 동안 웃을 경우 노 젓기 3분, 한 번 크게 웃는 건 윗몸 일으키기 25번의 효과 그리고 15초 동안 박장대소 하는 건 100m를 전력질주 하는 것과도 같은 효과를 불러일으킨다고 한다. 또한 한 번 크게 웃을 때마다 21가지의 쾌감 호르몬이 생성되는데 그 중 엔케팔린이란 호르몬은 진통제로 잘 알려진 모르핀보다 300배나 강한 통증완화 효과를 가질 정도로 웃음의 효과는 매우 크다. 이렇게 웃음은 우리에게 엄청난 의학적 가치를 부여할 뿐만 아니라 인간관계에 있어서도 많은 영향력을 끼친다. 인간관계에 있어 이 웃음이 강하게 작용하는 부분 중 하나는 바로 첫 만남의 자리에서 이다. 첫인상 3초의 법칙은 첫 만남의 자리에서 사람을 판단하는 데 걸리는 시간은 단 3초 정도의 시간이 걸린다 하여 붙여진 이름으로 성공에 있어 대인관계의 중요성에 대한 관심이 점차 증폭되자 첫인상의 중요성에 대한 관심 역시 증대되면서 생겨난 것이다. 3초라는 짧은 시간동안 상대에게 호감을 주기 위해 우리가 할 수 있는 일이 얼마나 있겠는가? 이 때 미소만큼이나 상대를 단시간에 사로잡는 효과적인 방법은 없을 것이다.

언젠가 한국인들은 평소에 정말 심각하리만큼 잘 웃지 않는다는 것은 잘 알려진 사실이다. 한국인들의 얼굴엔 표정보다 생각이 그들을 지배하는 것은 혹시 아닐까? 우리가 흔히 성공한 기업가라고 일컫는 이들은 사람을 처음 만나는 자리에서 상대를 여유 있는 미소로 바라보며 악수를 건넨다. 이들은 악수 속에 자신들의 자신감과 힘 그리고 동시에 상대에 대한 존경을 암묵적으로 전달한다.

원만한 대인관계를 통한 성공의 첫 단계에서 '여유 있는 미소'로 악수를 건넬 줄 아는 적극적인 행동은 성공을 위한 원만한 대인관계에 필요한 첫 번째 요소가 된다. "웃음의 빌리어드 이론"에 따르면 당구공을 칠 때 맞은 공이 다른 공을 연속으로 치는 것을 빌리어드(Billiards)라 하는 원리에서 유래한 것으로, 어떤 하나의 원인이나 촉매가 도미노처럼 전체에 파급된다는 원리이다. 한 사람의 작은 웃음이 기쁨을 낳고, 기쁨이 다른 이의 즐거움을 주고, 즐거움이 열정과 행복을 불러일으키는 이 행복한 바이러스의 효과는 지금 우리 사회에서 가장 필요로 하는 것으로 이제 우리는 작은 미소로 이 빌리어드 이론의 첫 번째 공이 되어야 할 것이다. 어느 누구나 유쾌하고 긍정적인 사람을 곁에 두려 하지 매사를 비관적으로 받아들이려는 사람을 곁에 두려 하지 않는다. 시대가 흐를수록 많은 사람을 비롯한 기업들은 얼굴에 여유와 미소를 지닌 'smile man'을 바라고 있다. 자! 지금 이 순간부터 아침에 일어나 거울을 보며 한 번! 친하지 않은 사람일지라도 먼저 다가가 인사를 건넬 줄 아는 용감한 빌리어드 이론의 첫 번째 공이 되어보자. 작은 습관일지라도 미래의 나를 성공한 행복 바이러스로 만들어 줄 것이다.

아름다운 옷 보다는 웃는 얼굴이 훨씬 인상적이다. 기분 나쁜 일이 있더라도 웃음으로 넘겨라. 찡그린 얼굴을 펴기만 하는 것으로도 마음도 따라서 펴지는 법이다. 웃음은 가장 좋은 화장이고, 건강법이다. 웃음은 인생의 약이다.

- 알랭

1) 이 글은 2009년 중앙대학교 '성공의 지혜' 를 주제로한 교양세미나 결과보고서를 바탕으로하여 재구성한 것임.

2) 아나 야스오 저, 이경민 역(1996), 『성공하려면 습관을 정복하라』, 삼성서적, 106쪽.

3) 양쉬 저, 오순금 역(2002), 『나를 만드는 행복 계시록 성공』, 좋은책 만들기, 47쪽.

4) 아나 야스오(1996) 106쪽.

5) 양쉬(2002), 111쪽.

6) 양쉬(2002), 157쪽.

7) 아나 야스오(1996), 106쪽.

인간의 본성에 비추어
본 행복

이경은

인간의 본성에 비추어 본 행복

이경은

1. 인간 본성에 대한 철학적 근거

"인간이란 무엇인가?"라는 질문은 인간의 정체성(identity)에 관한 질문인 동시에 그 본성(nature)[1]에 대한 물음으로 인간에 대한 가장 본질적인 물음이라는 점에서 그 직관적인 답변이 그리 쉽지만은 않다. 통상 '본성'이란 외부로부터 주어지는 것이 아닌 어떤 실체가 본래적이고도 내재적으로 갖는 성질이라는 점을 감안했을 때, 시간의 흐름에 따라 변화되는 성질의 것이 아니다. 그런 점에서 과거나 현재 그리고 미래에도 그 본질에 있어서는 변화하지 않는 자기 동일성을 지니는 것으로 이해할 수 있을 것이다.

최근 '행복학'이 유행이다. 행복에 대한 관념은 통상 인간에게 한정된 문제라는 점에서 "우리는 왜 사는가?"라는 물음에 대한 답변으로 이해할 수 있다. 그래서 "인간이 사는 이유는 어디에 있는가?" 라는 물음에 대해 대부분의 사람들은 행복해지기 위해 산다고 답변한다. 무엇보다 행복의 문제는 인간이 지향하는 삶의 가치와 관련되어 있다. 그래서 행복의 성격이 어떤 것이든 간에 적어도 인간이라고 한다면 행복한 삶을 궁극적인 목적으로 여긴다는 점에서 아마도 예외는 없을 것이다. 그렇다면 인간은 어떤 존재이기에 과연 행복을 지향하는가? 라는 물음은 자연스럽게 제기된다.

아리스토텔레스는 『형이상학』의 도입 부분에서 "모든 인간은 본성적으로 알고자 하는 욕구를 지닌다."[2]고 한다. 이는 인간이 갖는 본성적 측면을 무엇보다 '앎'과 연관 짓는 것에서 시작하고 있는 것이다. 아리스토텔레스에 따르면 인간은 자연의 일부이며 인간의 본성 역시 다른 자연 대상의 본성에 대한 설명과 동일한 방식으로 설명할 수 있다고 말한다. 말하자면 자연의 일부로서의 인간의 본성에 대한 규명은 자연의 대상이 갖는 본성을 규명하는 것에서 가능한 방안을 찾으려는 것으로 이해할 수 있다.

아리스토텔레스에 따르면 인간이 무생물과는 다르며, 다른 동물과도 다르다는 점을 인정하고 있다. 하지만 모든 동물이 감각기능을 통해서 외부세계를 인식 하지만 지성적인 능력을 통한 인간의 인식과는 다르다는 것이다. 왜냐하면 감각능력은 개별자에 대한 인식인 반면에, 지성능력은 그 형상에 대한 인식, 즉 보편자에 대한 인식이기 때문이라는 것이다.[3] 아리스토텔레스에게 있어 지식이란 보편자 (universal)인 형상(eidos)과 동일시되는 사물의 원인이나 원리, 본성에 대한 앎이며[4] 물질적 구성요소에 대한 앎이 아니다. 그리고 사물의 본성을 파악한 뒤에야 우리는 그 사물에 대해 안다고 말할 수 있다. 아리스토텔레스는 인간의 지성능력을 통해 사물의 형상(본성)을 파악할 수 있다고 받아들이고 있으며, 그러한 맥락에서 리어는 "아리스토텔레스의 세계에서 가지성(intelligibility)과 진리성(truth)은 밀접하게 연결되어 있다."고 말하고 있다. 즉, 사물이 본성을 갖는다는 것은 실재이며(진리성), 우리는 그런 본성을 알 수 있다(가지성)는 것이다.

아리스토텔레스는 인간에 대한 이해가 곧 세계를 이해하는 출발점이라고 한다. 그는 인간을 '지성적 동물'로 규정하고 있기는 하지만 이것이 인간을 다른 생물들과 구분하는 것이기도 하다. 하지만 이러한 규정이 인간이 왜 지성적일 수밖에 없는지에 대해 충분한 설명을 제공해 주지 못하고 있다. 이러한 인간에 대한 아리스토텔레스의 규정은 결국 인간은 무엇인가에 대해 알고자 하는 존재라는 의미를 함축한다. 이러한 그의 규정은 곧 인간의 본성이 무엇인가에 대한 물음으로 이어지게 된다.

인간의 본성과 관련하여 아리스토텔레스는 "지성적인 삶이 최고의 삶이며 가장 즐거운 것이고 지성은 인간만이 갖는 고유한 능력이며, 지성의 목적은 행복을 위한 것이다."라고 규정하고 있다. 이처럼 인간의 본성은 지성과 연관된 것으로 파악하고 그 실현은 곧 행복이라고 본 것이다. 인간은 영양섭취, 감각, 욕구, 운동, 그리고 사고 등의 능력을 지니며, 자신의 생존을 위해 그 능력들을 모두 사용한다. 아리스토텔레스는 인간만이 사고 능력을 가지고 있으며, 사고능력은 인간이 본성적으로 추구하는 목적인 행복을 성취하기 위한 것이고, 지성적인 삶이 최고의 삶이자 가장 즐거운 삶이라고 말한다.

이러한 인간의 본성에 따른 실현은 행복의 성취에 있는 것이고, 행복의 성취는 오직 인간만이 지닌 신체기관과 능력들을 적절히 사용함으로써만 가능하다는 것이다. 그래서 인간의 본성은 인간이 지닌 모든 능력들을 결합한 것과 동일하다고 말할 수 있다. 인간은 본성적으로 행복을 추구하며 그 목적 달성을 위해 최대한으로 그 능력을 발휘한다. 인간의 행복은 인간에게 있어서 최선 또는 최상의 목적이며, 인간은 자신의 모든 능력들을 최대한으로 사용함으로써 획득하려한다. 인간이 행복을 목적으로 한다는 점에서 행복은 탁월한 삶에 연관된 것이다. 그래서 행복한 사람은 덕망과 탁월한 능력뿐 아니라 목적 완수를 위한 감성적 성향을 가진 존재인 것이다.

2. 아리스토텔레스의 행복론

인간이 행복을 충족시키기 위해 필요한 조건들은 무엇인가? 이 물음에 대한 답변으로 아리스토텔레스는 세 가지 좋은 것들이 요구된다고 말한다. 즉, 첫째는 외적인 좋은 것, 둘째는 '신체의 좋은 것'이며, 셋째로는 '영혼의 좋은 것'으로 규정한다. '외적인 좋은 것'은 재산을 비롯한 출생 성분, 외모, 자식, 친구들을 포함하며, 신체의 좋은 것은 건강을 비롯한 신체적 조건들을 말한다. 외모가 너무 추해도 행복하다고 말할 수 없으며, 또한 자식과 친구가 없이 외롭게 사는 사람이나 허약한 신체와 질병으로 인해 고통 받는 사람들도 행복하다고 할 수 없다. 요구되는 외적 조건들 가운데 어떤 한 가지라도 결여되어 있거나 열악한 상태에 있는 사람이라면 결코 행복하다고 할 수 없을 것이다. 영혼의 좋은 것은 인간이 영혼을 지님으로써 갖게 되는 능력들을 최대한으로 잘 발휘할 수 있어야한다는 것이다. 인간능력 가운데 가장 중요하고도 핵심적인 것이 바로 사고 능력이며, 다른 능력들은 사고능력을 발휘하기 위한 전제 조건일 따름이다.

모든 능력을 가장 잘 발휘할 수 있는 사람은 곧 탁월한 사람이다. 사고 능력을 가진 존재로서의 인간은 본성적으로 그 능력을 사용하고자 하고 또한 그 능력을 사용할 경우에만 행복해질 수 있다. 즉, 영양섭취, 감각-지각 능력 등이 올바로 사용되었을 때 가능한 것이다. 말하자면 인간이 지닌 모든 능력들이 적절히 발휘될 때 행복을 달성할 수 있는 것이다.

무엇보다 행복한 삶이 무엇인지 규정하는 것은 그리 쉬운 일은 아니다. 사람은 누구나 행복하기를 원하기는 하지만, 모든 사람들이 행복한 삶에 대해 동일한 모습을 갖지는 않는다. 어떤 사람은 많은 돈을 벌고 높은 지위와 명성을 떠올릴 수 있을 것이고, 또 다른 사람은 좋아하는 일을 하면서 하루하루를 즐겁게 사는 것을 떠올릴 수도 있을 것이다. 이렇게 사람들이 생각하는 행복에 대한 여러 관점이 있지만, 인간의 본성적 측면에서 행복을 크게 쾌락적 행복과 자아실현의 행복으로 나눌 수 있다. 물론 쾌락적 행복과 자아실현의 행복 양자는 매우 밀접한 연관성이 있다. 이 두 행복의 공통점은 부유해진다거나 높은 지위를 얻는 것과 같은 금전적, 물질적인 성취와 행복이 비례하지도 않으며, 또한 외적인 조건의 성취로부터 얻을 수 있는 행복의 양은 생각보다 매우 적다는 점이다.

쾌락은 인간의 본성과 밀접하며 행동을 발생시키는 중요한 동기이다. 쾌락적 행복의 관점은 즐거움이 곧 행복이라는 철학적 근거에 기반을 두고 있다. 쾌락적 행복은 개인이 주관적으로 느끼는 것이며, 자신의 삶에 대한 주관적 평가를 나타내는 것이므로 객관적 기준으로 측정할 수는 없다. 행복성향이 쾌락적인 사람들은 일상생활에서 더 높은 수준에서의 행복감과 즐거움을 체험할 수 있다. 또한 쾌락적 성향이 높은 사람들은 지인들로부터 높은 호감도를 보이며, 사회적 활동에서 보다 높은 정서를 경험한다고 한다. 흥미로운 것은 행복성향이 쾌락적인 사람들은 일상생활에서 전반적인 행복감과 즐거움뿐만 아니라 자아실현의 가치적 행복도 많이 체험한다고 한다.

아리스토텔레스는 쾌락은 과정적인 것이라고 한다. 그런 점에서 쾌락은 결여를 포함하고 있기 때문에 그 자체로 선(善)한 것일 수 없다는 것이다. 아리스토텔레스는 쾌락이 활동이라는 주장을 『형이상학』과 『니코마스 윤리학』에서 언급하고 있는데, 그러한 기준으로는 활동 과정을 명확하게 구분할 수 없는 것으로 평가한다. 즉, 인간의 행위가 너무 복잡하다는 점에서 단일한 측면으로 규정할 수 없다는 것이다. 쾌락적 행복은 밀물처럼 순식간에 밀려왔다가 썰물처럼 빠져나가는 마치 무릉도원에 있다가 꿈에서 깨어나는 것과도 같이 허망하다고 한다.

자아실현으로서의 행복은 자아실현과 미덕을 추구하며 가치 있는 일을 이루는 삶이 행복한 삶이라고 아리스토텔레스는 주장한다. 여기에는 참된 자아를 발견하고 발현하는 삶이 행복한 삶이고 그 과정에서 느끼는 즐거움이 참된 행복이라고 말할 수 있다. 그래서 행복하기 위해서는 좋은 행동을 해야 한다고 지적하면서 아리스토텔레스는 "행복은 궁극적인 것으로써, 인간이 추구하는 최고의 목적이다."라고 규정하고 있다. 인간은 자신이 지닌 모든 능력을 동원하여 다양한 목적을 추구하지만 가장 궁극적인 목적은 결국 행복에 있다. 즉 모든 인간들이 본성적으로 추구하는 행복은 인간에게 있어서 최상의 목적이자 완전한 어떤 것이다.[5] 어떤 행위를 함에 있어서 고통과 관련하여 '최상의 것을 행하는 상태',[6] 즉 어떤 행위를 함에 있어서 즐거움이 따르든 고통이 따르든 상관없이 가장 바람직한 것을 선택하는 칭찬받을 만한 영혼의 상태이다. 인간이 행복을 추구하는 것은 본성이지만 행복은 아무런 노력 없이 어느 한 순간에 저절로 실현되는 것이 아니며,

노력을 통해 행복은 실현되는 것이다. 그래서 행복이란 어느 순간에 획득 되는 것이 아니고 일생을 통한 행위라고 한다.[7]

3. 인간의 본성과 행복: '소질'로서의 선 [8]

칸트는 인간의 본성을 크게 인식능력, 쾌와 불쾌의 감정 그리고 의욕능력의 자발적인 능력으로 이루어져 있다고 보고 "인간의 본성에 대한 탐구"도 이러한 능력에 비추어 논의하고 있다. 다만 여기에서는 행복이 인간이 지향하는 가치라는 측면에서 도덕의 범주에 포함시켜 도덕적 행위의 근저를 이루는 "의욕능력과 선택의지의 사용"과 관련된 것에 한정시켜 논의하고자 한다. 도덕적 행위와 관련한 인간의 본성에 대한 구조에 대해 칸트는 우선 소질을 정의하는 것에서 시작한다.

> "우리는 어떤 존재자의 소질을 그러한 것으로 존재하기 위해 필히 요구되는 구성요소일 뿐 아니라 그들 사이의 결합형식들로 이해한다. 소질은 그것이 어떠한 존재자의 가능성에 필연적으로 속해 있는 한 근원적이다."(VI. 28)

이에 따르면 선에의 소질은 인간을 규정하는 근원적인 요소들로서 인간에 관한 본질적인 규정을 담고 있다. 다시 말해 인간 각자가 비로소 인간의 보편성을 지닌 존재자일 수 있는 규정적 근거가 바로 소질에 있다. 특히 인간의 의욕능력과 관련해서 소질은 보편적 인간의 가능성을 실현하기 위한 필연적인 욕구를 지시한다고 할 수 있다.

그리고 이 욕구의 충족이 바로 보편적 인간 가능성의 실현이기 때문에, 소질은 다름 아닌 인간행위의 실천적 목적을 지시할 뿐만 아니라 그 목적의 실현을 위한 행위의 요청도 함의하고 있다고 할 수 있다. 이러한 맥락에서 소질은 보편적 인간의 실현이라는 실천적 목적을 위해 필히 요청되는 행위의 동기와도 밀접하게 결부됨을 알 수 있다. 그리고 칸트에 따르면 선에의 소질은 크게 '동물성'[9], '인간성'[10], '인격성'[11] 이렇게 세 종류로 이루어져 있다고 한다.

소질은 각 인간의 필연적이고 보편적 욕구에 상응하는 행위의 실천적 목적을 지시할 뿐만 아니라 그 목적의 달성을 의욕하는 동기와 결부되어 있으므로 각 소질은 의지의 동기에로 환원이 가능하다. 이에 따르면 모든 인간은 기본적으로 '자기애'와 '도덕법칙에의 존중'이라는 두 동기를 가진다고 할 수 있다. 그리고 보편적 인간의 실현가능성과 관련해서 각 소질이 부여하는 실천적 목적들을 고려할 때, 동물성, 인간성 그리고 인격성이라는 선에의 소질들이 모두 근원적이고 필연적이어서 그 어떤 것도 배제되어서는 안 되는 것과 마찬가지로 자기애와 도덕법칙에의 존중이라는 두 동기들도 모두 근원적이고 필연적인 것으로 간주되어야한다. 다시 말해 도덕법칙에의 존중만을 의지의 유일한 동기로 내세우면서 자기애를 전적으로 배제한다거나 도덕법칙을 무시한 채 자기애만을 유일한 의지의 동기로 간주되어서는 안 된다. 오히려 인간은 자기애와 도덕법칙에의 존중을 모두 의지의 동기로 가질 수밖에 없다. 따라서 문제는 어떤 동기를 배제하느냐가 아니라 두 동기들 사이의 관계를 어떤 식으로 규정하는 가에 있다. 이 관계의 규정은, 앞서 살펴보았듯이, 전적으로 행위자의 자유로운 선택의지에 달려있다.

4. 인간의 본성으로서의 '성향'

칸트에 따르면 '성향'이란 "인간성에 대하여 전적으로 우연적인 경향성(습관적 욕망)을 가능하게 하는 주관적 근거"를 말한다. 다시 말해 성향이란 대상을 표상(representation)하거나 경험하기 이전에 "선행하는 어떤 일정한 욕망 생성에 대한 주관적 가능성"을 말하는데, 이는 주관이 대상을 경험하면서 습관적으로 그것에 대한 욕망을 좇는 경향성의 발생 근거가 된다. 성향은 모든 인간에게 타고난 것이라는 점에서 일견 소질과 별다른 구분이 없어 보인다. 하지만 성향과 소질은 모두 인간의 본성에 속한다는 공통점 이외에 양자 간에 분명한 차이가 있다. 소질은 각 개인이 비로소 인간일 수 있는 가능성을 규정하고 있다는 점에서 그것이 지시하는 실천적 목적 또는 행위의 동기 그 자체에 대해서 인간은 어떠한 자유로운 선택권이나 결정권도 갖지 못한다.

이에 반해 성향 그 자체에는 앞으로 생성될 경향성의 방향과 관련해서 전혀 결정된 바가 없다. 오히려 어떤 경향성이 생성될 것인지는 전적으로 각자가 그 주관적 근거가 되는 성향을 어떻게 규정해나가느냐에 달려있다. 이를 칸트는 다음과 같이 표현하고 있다.

> "성향은 다음과 같은 점에서 소질과 구별된다. 즉 그것은 비록 타고난 것이지만 그 자체로 표상되어질 수 없고, 오히려 그것은(만약 선하다면) 획득된 것이거나(만약 악하다면) 초래된 것으로 여겨져야 한다."

이처럼 선한 성향의 획득이나 악한 성향의 초래는 '자유로운 선택의지의 규정으로서만 가능'하다. 이는 무엇보다도 소질과는 달리 성향이 선택의지의 자유와 보다 직접적인 관련성을 가진다는 것을 암시한다. 달리 표현하자면, 모든 인간에게 보편적이고 타고난 성향은 열린 구조를 갖는다고 할 수 있다. 왜냐하면 인간의 가능성을 규정하는 소질이 지시하고 있는 실천적 목적의 실현여부는 각자의 자유로운 의지에 달려있기 때문이다. 반면에 인간에게 행위의 실천적 목적과 동기를 지시하는 소질은 근원적이고 보편적이지만, 그 자체 인간의 자유로운 결정이나 선택에 의존적이지 않다. 이러한 의미에서 성향과는 달리 소질은 자유의지와 직접적인 연관성을 갖지 않는다. 결국 성향이 선택의지의 자유와 보다 직접적인 관계에 놓여 있다면, 선에의 소질은 오로지 성향의 매개를 통해서 자유와 관계한다고 할 수 있다.

같은 맥락에서 성향은 그 자체로 표상될 수 없는 것으로 이해할 수 있다. 소질이 주어진 인간의 의욕 능력에 상응하는 행위의 실천적 목적이라는 보편적 구조로 표상될 수 있는 것과는 달리, 성향은 자유행위와 결부되어 있으므로 그것의 구조는 결국 자유로운 선택에 따른 우연적 결과의 모습만을 지닐 뿐이다. 따라서 소질에서와 같이 성향 그 자체를 표상한다는 것은 가능하지 않다. 다만 자유의지와 보다 직접적인 관계를 맺음으로써 갖는 성향의 열린 구조는 결코 임의적이지 않다는 사실이다.

앞서 선에의 소질에 관한 논의에서 보았듯이, 인간은 누구나가 예외 없이 행위와 관련한 의지의 동기로서 자기애와 도덕법칙에의 존중을 가지게 되며 양자 중 어느 것도 배제할 수 없다. 문제는 선택의지가 양자 사이의 관계를 어떤 질서 속에 규정하는가에 달려 있다. 양자의 관계에서 도덕법칙의 존중이라는 동기가 언제나 우선성을 확보한다면 도덕적 선이 획득될 수 있지만, 그렇지 못할 경우에는 도덕적 악이 초래된다. 악에의 성향이 자유로운 선택의지와 깊은 관계가 있다. 왜냐하면 보편적 인간의 가능성을 구성하는 선에의 소질에 따르면, 인간은 행위의 기본적인 동기로서 자기애와 도덕법칙에의 존중을 가지는데, 선악의 도덕적 평가는 이들 중 어떤 것을 최상의 준칙으로 채택하는가 하는 자유로운 선택에 달려있기 때문이다.

5. 도덕법칙과 행복의 상관관계

인간은 자신의 욕구에 대한 이해타산적인 계산을 통하여 도덕적 삶을 받아들인다. 칸트는 도덕을 가능하게 하는 근거로 인간이 지닌 자율성을 중시한다. 인간의 본성은 선천적으로 부여받은 것이며, 자연적으로 주어진 본성만으로는 도덕이 불가능하다. 즉, 인간의 자율성이 도덕률의 성립에 있어서 중요한 역할을 한다고 할 수 있다.

칸트에 의하면 동정심을 느껴 자선을 베푸는 행위는 도덕적 가치를 지니지 못한다. 왜냐하면 이 선행은 의무로부터 나온 행위가 아니라, '동정심'이라는 감정적 경향을 만족시키는 행위이기 때문이다. 반면에 냉정한 성격을 지녀서 불쌍한 사람에게 "자선을 베풀고 싶은 경향성이 전혀 생기지 않고 ", "혐오감 때문에 하기 싫은데도 불구하고 '의무이기 때문에 ' 자선을 베푸는 행위는 "참된 도덕적 가치를 지니게 된다. 행위에 경향성이나 감정이 조금이라도 포함된다면 그 행위는 도덕적 가치가 없다고 주장하는 것이 아니라, 도덕적 행위에 있어 의무와 경향성은 충분히 양립가능하다. 도덕적 행위에 감정이라도 개입된다면 도덕적 가치가 없는 것이 아니라, 행위가 의무 없이 감정만을 매개로 해서 일어난다면 도덕적 가치를 잃는 것이기 때문이다. 또한 칸트는 도덕법칙의 충분한 규정 근거가 되기 위해서는 '감정'이 전제되어야 한다고 주장한다. 이를 통해 칸트는 경향성이나 감정이 도덕법칙과 대립하는 것이 아님을 알 수 있다.

칸트는 도덕적 주체가 유한한 인간 존재이기 때문에 불완전성을 갖는다고 한다. 도덕적 행위를 하는 인간은 경험적 근원을 갖는 쾌, 불쾌 욕구와 경향성에 영향을 받는 감성적 존재로 볼 수 있다. 주체의 불완전성은 칸트의 윤리학에서 '준칙', '동기', '관심'이라는 세 가지 개념으로 나타난다. 도덕적 감정을 우리의 행위가 의무의 법칙에 부합되는지 여부에 따라 '쾌 혹은 불쾌의 감정'을 감수성이라고 정의할 수 있다. 즉 쾌와 불쾌의 감정은 존경심에 함축되어 있다. 칸트의 윤리학에서 존경심이라는 쾌와 불쾌를 지닌 도덕적 '감정'은 매우 중요한 역할을 한다. 존경심이란 자기애를 단념하게 하는 가치를 표상하는 것이기 때문이다. 즉 존경심을 통해 비하감(고통)과 함께 정신적 고양(쾌락)의 양면적 감정을 모두 느낀다고 할 수 있다. 유한한 인간이 지닌 선택의지의 모든 규정은 쾌나 불쾌의 느낌을 통해서, 가능한 행위의 표상으로부터, 행위나 행위의 작용에 관심을 가지면서 행위에로 나아간다.

존경심이 감정의 형태를 지니고 있지만 외부의 영향으로 받아들여진 감정이 아닌 이성개념 '자신이 일으킨 감정이므로' 외부 영향으로부터 비롯된 모든 감정과는 구별된다. 칸트에게 있어서 우리의 본성적 경향성으로부터 비롯된 감정들은 아무런 도덕적 의미를 갖지 못하는 것일까? 그렇지만은 않다. 칸트의 경향성 자체는 악한 것이 아니며, 경향성과 도덕성은 상호 대립적이지 않다. 즉 경향성과 도덕법칙은 한 행위 안에서 양립 가능한 것이다. 더 나아가 칸트는 자연적 경향은 '그 자체로 보았을 때는 선한 것'이며 근절대상이 아닌 길들임으로써 우리의 행복에 기여할 수 있는 것이라고 주장한다. 이런 경향성에 근거한 감정의 하나로 '공감하는 감정'을 거론하고 있다. 공감하는 감정에서 공감이란 타인의 즐거움과 고통의 상태에 대해 같이 즐거워하고 슬퍼하는, 쾌와 불쾌의 감각적 감정들이다.

칸트는 자연적인 동정심을 계발하는 것은 간접적 의무라고 주장하며, 불쌍한 사람들이 있는 곳을 피하지 말고, 그들을 찾아다니는 것도 의무라고 말한다. 우리는 똑같은 상황이라도 동정심의 계발 정도에 따라 선행을 실현할 수도 있고 못할 수도 있는 것이다. 이처럼 우리는 감정들을 통해 도덕적 행위가 필요한 구체적 상황을 보다 정확히 파악할 수 있으며, 의무만으로는 달성할 수 없는 도덕적 행위들을 성취할 수 있다.

지금까지 칸트의 입장을 통해 유한한 존재로서의 인간이 지닌 주관적 준칙과 보편적 도덕법칙에 비추어 인간의 본성과 행복의 상관관계에 대해 살펴보았다. 그는 도덕적 행복과 옳음, 선함에 대한 자율성, 존경심이라는 감정을 통해 인간의 본성에 따른 행복관에 대해 제시하고 있다. 또한 칸트는 경향성에서 비롯되는 선한 감정들의 중요성을 강조하면서 이런 본성적 감정들이 도덕적 행위를 하는데 도움을 줄 수 있고 도덕법칙에 합치시켜 이를 적극적으로 계발되어야 한다고 주장한다. 칸트에 따른 인간의 본성은 도덕법칙을 수립하는 이성의 자율성뿐만 아니라, 도덕법칙을 실천하는 기능으로서 감정에 대해 제시함으로써 행복에 대한 철학적 근거에 대해 제시하고 있다. 도덕적 행복 안에서 행복을 위한 진정한 도덕성은 양면성의 추구가 동시에 이루어질 때, 즉 두 요소가 협력할 때 비로소 성취되는 것이라고 할 수 있다.

1) 본성의 의미를 콜링우드는 그리스 초기의 이오니아 철학자들이 사용했던 '퓌시스'란 단어가 근본적으로 사물의 운동 원리인 본성을 의미했으며, 시간이 흐름에 따라 세계를 집합적으로 지칭하는 용어로 사용되었다고 말한다. 즉, 영어 네이처(nature)와 마찬가지로, 그리스어 퓌시스의 의미도 크게 자연세계와 본성의 두 가지 의미를 갖는다는 것이다.

2) Aritoteles, 980b 36이하.

3) Aritoteles, 981b 10-12:98a 21이하.

4) Aritoteles, 981b26-982a.

5) EN 1097a 28-30: en 1097b 20-21 :en 1101a 17-18.

6) EN 1104b 27-1105a 17.

7) EN 1098a 18-19.

8) 3장과 4장은 김화성(2009), "모든 인간은 본성상 악하다: 악의 보편성에 관한 칸트의 증명", 『철학사상』 32호를 참조하여 정리한 것임.

9) 생명체로서 갖는 인간의 '동물성'이다. 이것은 이성능력이 요구되지 않는 '기계적인 자기애'인데, 자기보존, 종족번식과 보존 그리고 다른 인간들과의 공동 생활을 실천적 목적으로 지시한다. 이러한 목적으로부터 벗어난 것은 "자연의 악덕"으로 불린다.

10) 인간이 생명체이면서 동시에 이성적 존재로서 지니는 '인간성'이 해당된다. 이것은 이성이 요구되는 "비교하는 자기애"인데, 타자와의 비교를 통해 자신에게 가치를 부여할 때 평등성의 가치를 지향하도록 하는 실천적 목적을 지시한다.

11) 이성적이면서도 동시에 책임능력이 있는 존재로서 가지는 인간의 '인격성'이 다. 이는 인간에게 "그자체가 선택의지의 충분한 동기가 되는 도덕법칙에 대한 존중심의 수용"을 실천적 목적으로 부여한다.

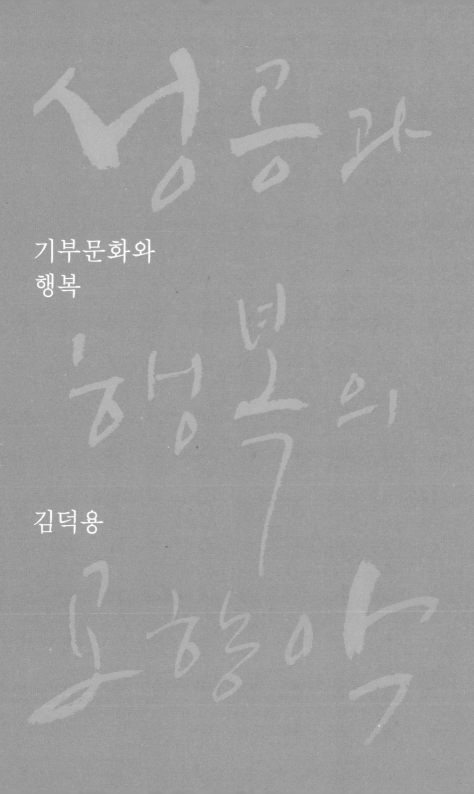

기부문화와
행복

김덕용

기부문화와 행복

김덕용

1. 기부문화란

'기부(donation)'는 개인이나 단체가 대가를 바라지 않고 공익을 위해 제도적으로 인정된 방식이나 조직을 통해 금품, 용역(자원봉사활동), 부동산을 자발적으로 제공하는 것으로 정의된다. 이러한 기부행위가 활발하게 이루어지며 하나의 트렌드로 자리잡아가는 현상을 기부문화(donation culture)라는 개념으로 지칭한다.

우리 민족의 전통적인 기부문화의 뿌리는 '품앗이'라고 할 수 있다. '품앗이'는 임금을 주지 않는 한(韓)민족 고유의 1대 1의 교환 노동 관습이다. 개인 또는 소집단 상호간에 도움을 도움으로 갚는 노동 맞교환 방식으로 농사일은 물론 지붕 올리기, 집짓기와 수리, 나무하기 같은 생활상의 품앗이, 염전의 소금일, 제방 쌓기에 이르기까지 널리 활용되었으며, 남자들이 하는 일 뿐만 아니라 김장하기, 메주 담그기 등 음식을 장만하고 옷을 만드는 여자들의 일도 여기에 포함된다.

최근 기부문화는 더 이상 낯설지 않은 용어로 사용되며, 다양한 분야에서 다변화된 형태로 확산되고 있다. 기부문화가 이처럼 사회적인 현상으로 부상한 것은 여러 가지 요인이 복합적으로 작용한 결과라고 할 수 있다. 1970년대에 시작된 '이웃돕기성금' 모금이 우리 사회 내에서 이웃에 대한 관심을 기울이는데 매우 중요한 계기가 되었다. 1998년 '사회복지 공동모금회' 설립은 우리 사회에서 모금활동을 하나의 제도로 정착시키고 민간 사회복지 서비스 영역을 실질적으로 지원하는 대표적인 기관으로서 위치를 확고히 하고 비영리조직들의 사업수행 능력을 키우는 동시에 정부의 정책을 견인하는 중요한 역할을 수행해 왔다.

민간 차원에서의 나눔 문화 확산은 국제적 재난 지역에 대한 지원과 함께 적십자, 월드비전 등의 NGO[1] 활동이 현금 및 현물 기부를 통한 나눔 문화 확산에 크게 기여했고, 위로부터의 나눔 문화(노블레스 오블리주; Noblesse Oblige)[2]에 한정되지 않고 시민들에 의한 나눔 문화(시티즌 오블리주 Citizen Oblige)[3]로 저변을 확대시켰다.

따라서 금품뿐만 아니라 전문적인 기술, 재능 등 점점 다양해지는 기부의 형태와 우리 사회의 자발적인 기부문화 확산을 위한 방안을 알아보고 사회공헌활동에 적극적인 기업의 이미지 및 브랜드 가치 상승을 통해 이익창출의 극대화와 지속 가능 경영의 선순환 관계와 개인 기부를 통해 사회에 기여한다는 심리적 행복과 삶의 활력을 얻는 나눔의 실천에 대해 생각해 보고자 한다.

2. 다양한 형태의 기부

2.1 아너소사이어티[4]

아너소사이어티(honor society)는 사회복지공동모금회에서 설립한 클럽으로 워런 버핏, 빌 게이츠 등 기부활동에 적극적인 갑부 2만 명으로 구성된 미국의 '토크빌소사이어티(tocqueville society)'[5]를 벤치마킹했으며 1억원 이상을 기부한 회원 49명의 모임이다. 한국에서 유일한 이 고액 기부자 모임은 2008년 출범 이래 3년 동안 모두 87억 5500만원을 내놓았다. 이 회원 모두를 일일이 취재해봤더니 '부호'라고 할 만한 이는 거의 없었다. 대다수가 중소기업을 운영하거나 전문직으로 일하면서 돈을 모은 '작은 부자'였다.

이 사람들은 힘들게 모은 돈을 아름답게 나눔으로써 세상도 아름답게 바뀌기를 바란다. 그러나 이들은 한꺼번에 수천억 원을 내놓는 재벌이 아니다. 평생 어렵게 살며 오로지 안 먹고 안 쓰고 모은 수백억 원을 기부하는 휴먼 드라마의 주인공도 아니다. 이들은 어린 시절을 어렵게 살았지만(46.5%) 커서는 부모님 도움을 받은 적이 없는(72.7%) 자수성가형 부자들이다. "내가 잘나서가 아니라 나라가 크니까 나도 큰 것"이라는 겸손과 "우리 사회 양극화가 심각하다"는 현실 인식을 갖고 있다.

이들도 처음 기부할 때는 대부분 1만~수십만 원을 냈다. 그로부터 평균 18년쯤이 흐른 뒤에야 1억 원이 넘는 돈을 내놓게 됐다. 재산을 모으고 기부 철학을 다지는 데 짧지 않은 세월이 걸린 것이다. 이들은 이제 부(富)를 가졌다는 것을 넘어서서, 부의 진짜 가치를 알게 된 사람들이다.

아너소사이어티는 회원 6명으로 출범했고 3년 만인 2011년 49

명으로 늘었다. 회원이 2만6890명에 이르는 미국 고액기부자 모임 '토크빌 소사이어티'도 1984년 출발했을 때는 20명에 불과했다. 우리 사회의 기부 문화가 제 속도로 진화하고, 부자들에서부터 한국형 노블레스 오블리주의 실천이 번진다면 아너소사이어티 회원도 머지않아 수백, 수천 명으로 늘어날 것으로 예상된다.

아너소사이어티 회원들은 나눔과 교육과 일자리와 건강한 삶에 대한 안목을 갖고 실천할 수 있는 실력을 지닌 사람들이다. 단순한 기부자를 넘어 우리 사회의 명예로 일컬을 만한 사람들이다. 이들은 우리 사회에 새로운 유형의 상류층 한국인이 출현하고 있음을 알린 것이다. 아너소사이어티 사람들은 미래 한국인의 모델이 될 것이다.[6]

2.2 재능기부

최근 나눔 문화 확산의 캠페인과 사회적 관심의 고조로 재능기부(talent Donation)가 기부문화의 새로운 트렌드로 부상하게 되었는데, 현금 기부와 단순한 자원봉사활동에서 포괄하지 못했던, 시간과 재능의 기부라는 차원에서 차별화된 방식으로 인식되고 있다. 미국의 경우, 재능기부에 해당하는 용어가 skilled volunteer로서 재능기부가 속한 개념적 범주가 자원봉사임을 분명히 한 동시에, 일반 자원봉사 활동과 달리 특수한 기술이나 기능(skill)을 활용한 자원봉사를 특화시킨 개념이다.

그러나 최근 재능기부의 확대와 더불어 '재능'의 범위가 고도의 전문성을 요하는 직군들의 전문적 업무 능력뿐 아니라 일상적 차원의 노동력 제공까지도 포괄하여 확대되는 경향을 보여 실질적으로는 자원봉사의 영역과 거의 중첩되는 개념으로 사용되고 있다. 또한 그간에 가진 사람 또는 여유 있는 사람만이 할 수 있다고 인식되어 온 기부 개념이 남녀노소, 가진 사람과 못 가진 사람을 불문하고 확대될 수 있는 계기를 마련했다는 점에서 관심이 집중되고 있다.

한편『위키백과』는 재능기부를 "개인이 갖고 있는 재능을 개인의 이익이나 기술 개발에만 사용하지 않고 이를 활용해 사회에 기여하는 새로운 기부형태를 일컫는다. 즉 개인이 가진 재능을 사회단체 또는 공공기관 등에 기부하여 사회에 공헌하는 것이다."라고 정의하고 있으며 이러한 정의를 바탕으로 재능기부와 봉사활동을 구분하는데, (1) 재능기부가 개인의 차이를 존중해 각자가 가진 재능을 사회에 환원한다는 점, (2) 기부를 받아야 할 대상이 다양한 만큼 기부할 수 있는 재능도 다양하다는 점, (3) 돈을 내는 금전 기부가 일회성이 대부분인데 비해 재능기부는 각자의 전문성과 지식을 바탕으로 한 지속적인 기부 형태라는 점에서 한 단계 진화한 기부 모델이라고 평가하고 있다.[7]

재능기부의 종류로는 슈바이처 프로젝트(의료, 보건, 건강과 관련된 분야), 오드리햅번 프로젝트(문화·예술관련 분야), 마더테레사 프로젝트(저소득층 및 사회복지분야), 키다리아저씨 프로젝트(멘토링, 상담, 교육 결연분야), 헤라클래스 프로젝트(체육, 기능, 기술 관련 분야)[8] 등을 들 수 있다.

〈자원봉사활동기본법〉[9]에 따르면 자원봉사는 개인 또는 단체가 지역사회, 국가 및 인류사회를 위하여 대가없이 자발적으로 시간과 노력을 제공하는 행위로서, 무대가성과 자발성의 측면에서 기부에 포함되는 것으로 정의하고 있다. 자원봉사를 기부행위의 일환으로 간주하는 개념적 틀 내에서 재능기부라는 개념이 성립되고, 그 하위개념의 기부 유형에는 현금과 물품, 부동산, 신체의 일부-장기, 골수, 헌혈 등과 무형의 기부인 시간과 재능, 기술을 나누는 자원봉사로 나눌 수 있고, 무형의 기부를 다시 단순 노동력을 제공하는 자원봉사와 '재능'이라는 특수한 활동을 통한 자원봉사로 구별 할 수 있다.

김난도 교수는 '우리가 개인화되면서 공동체의식을 일깨우는 움직임에 대한 관심이 높아지고 있다. 재능기부도 그 중의 하나'이며, '재능기부는 주는 사람이나 받는 사람이나 모두 효과를 볼 수 있는 일이다. 앞으로는 재능기부가 전문가 중심에서 일반인으로 확산될 것'이라고 전망했다.[10] 또한 강지원 변호사는 재능기부를 '만인의 만인에 대한 베풂'이라 정의하고 돈이 없는 가난한 사람이라도 몸이 튼튼하면 힘이라는 재능을, 변호사라면 법률 지식이라는 재능을, 의사라면 의술이라는 재능을 사회에 돌려주고 자신의 부족한 부분은 다른 사람에게서 받는 상부상조의 덕목이라고 말했다.[11]

2.3 기업의 사회공헌활동

기업의 사회적 책임(Corporate Social Responsibility, CSR)에 대해서는 다양한 정의가 이루어져왔는데, 대체적으로 기업의 전통적인 경제적 책무의 영역을 벗어나 사회적으로 수용되는 범위 내에서 인간적 가치까지 창출해야 하는 책임을 가리킨다. 2009년 국제표준화기구(ISO)는 기업의 사회적 책임에 대한 가이드라인(ISO 26000)[12] 표준안 발표하였고, 1999년 전국경제인연합이 기업윤리헌장 개정 및 기업윤리실천 매뉴얼을 제작 배포했다.

『전경련 사회공헌용어집』에서는 '기업이 사회에 대해 가지는 책임, 즉 기업은 더 나은 사회창조에 책임을 지고 있으며, 이를 마음속에 담고 경영활동을 해야 한다는 뜻'으로 정의하고 보다 구체적으로 '기업이 지속적으로 존속하기 위해 이윤추구 이외에 법령과 윤리를 준수하고 기업의 이해관계자의 요구에 적절히 대응함으로써 사회에 긍정적 영향을 미치는 책임 있는 활동'이라 정의하고 있다.

'프로보노(Pro Bono)'는 라틴어 '공익을 위하여'의 약어로, 로마시대 지도층의 공익을 위한 헌신과 기부를 강조하기 위해 쓰인 용어이며, 서구 사회에서 사회적 약자들에게 무보수로 전문지식과 기술을 제공하는 관습으로 뿌리를 내렸다. '협의의 프로보노'는 미국 변호사들의 공익활동을 지칭하는 용어로, 변호사를 선임할 경제적 여유가 없는 개인 또는 단체에 대하여 보수를 받지 않고 법률 서비스를 제공하는 것을 의미한다. 미국변호사협회는 1993년부터 모든 변호사들이 연간 50시간이상 사회공헌활동을 하도록 요구하고 있으며, 특히 50인 이상의 변호사들이 일하는 대형 로펌은 연간 비용 청구시간의 3~5%(연간 약 60~100시간)에 해당되는 시간을 공익활동에 투여할 것을 요구하는 더욱 엄격한 프로보노 활동을 권장하고 있다. 또한 미국변호사협회가 해마다 발표하는 프로보노 활동순위는 로펌의 명성을 평가하는 중요한 요소가 되는데 순위가 높은 로펌일수록 사회적 인식도 좋아져 더 많은 사건을 수임하는 선순환이 이루어지고 있다.[13]

한국 기업의 사회공헌활동은 1980년대 후반에 들어서면서 조금씩 활성화되기 시작하였는데, 본격적인 활동은 현대, 삼성, SK, LG 등 주요 대기업들이 사회적 이슈에 관심을 갖고 적극적으로 자원을 할당하기 시작하면서 비롯되었다고 할 수 있다. 초기에는 비교적 작은 규모의 장학재단이나 문화재단 등을 통해 자선적 활동을 실시하여 왔으나, 2000년대에는 기업 단위의 자산 및 사업비 출연을 통해 본격적인 기업재단 설립이 이루어졌으며, 기업 내부에도 복지재단이나 사회봉사단과 같은 전담조직을 구성하여 사회공헌활동을 하나의 경영전략으로 채택하여 적극적으로 실천하고 있다.[14]

최근 기업들은 청년 실업자를 위한 일자리 창출과 단순노동업무에 은퇴자를 채용하고, 저소득층 및 소외계층의 자활을 돕는 사회적 기업을 설립하는 등 적극적인 경향을 보이고 있다. 이러한 사회공헌활동을 통해 기업은 공공의 이익을 보장해 주는 동시에 기업이미지 및 브랜드 가치를 제고시킴으로써 새로운 이윤을 창출하고 있다.

3. 기부문화 확산을 위한 개선방안

3.1 자원봉사 인센티브제[15]의 확산

자원봉사활동을 일과 여가 중 여가의 개념으로 파악할 경우 자원봉사의 무보수성 또는 무대가성이 당연시 되어왔던 것이 사실이다. 그러나 정부주도의 조직적, 체계적 자원봉사체제를 구축해 온 미국의 경우, 1980년대 재정위기 극복을 위해 자원봉사활동 단체에 대한 연방정부의 지원을 대폭 감소하는 대신, 자원봉사자 개인에게 세금혜택, 자원봉사자를 지원하는 기업에게 세제혜택, 봉사활동 학생에게 장학금 제공 등 인센티브제도를 시행하고 있다.

국내에서도 이미 각 지자체가 자원봉사활동에 대한 인센티브를 시행하고 있으며, 올해 자원봉사자 인센티브제 도입을 위한 〈자원봉사활동기본법개정안〉이 자유민주당 이상민 의원에 의해 2011년 4월 발의되어 자원봉사자의 봉사활동 실적에 따라 '자원봉사 마일리지'를 적립하여 주고 자원봉사를 활성화하고 자원봉사의 질을 높이기 위해서 전국적으로 자원봉사자의 자원봉사활동 실적을 관리하고 선진국처럼 어느 정도의 보상체계가 이루어져야 한다고 밝혔다.[16]

보건복지부가 2011년 조직한 〈대한민국사회봉사단 Korea Hands〉[17]은 자원봉사활동의 양적 증가(2002년 대비 25배 증가)에도 불구하고, 일회적, 단기적 봉사 위주로 활동이 이루어지고 있는 한계를 극복하고, 봉사 참여자의 책임감과 봉사의 효율성을 높일 수 있도록 일정부분 지속성과 헌신성을 강제하여 활동 시간, 기간(6개월 이상)등을 규정함과 동시에 봉사자의 헌신에 대해 활동비, 교육 기회 및 대학생의 장학금 지급 등의 인센티브를 제공하여 특히 저소득 청년층의 참여 기회를 확대하는 것이 큰 특징이다.

3.2 은퇴 후 사회봉사: 시니어(Senior) 재능기부자의 증가

은퇴 후 인생설계에 대한 관심이 더욱 고조되어 그간에 자원봉사 인구에서 극히 낮은 비율을 차지하던 고령인구의 자원봉사 및 재능기부가 중요한 사회적 이슈로 부상하고 있다. 베이비붐세대의 퇴직으로 고학력, 고소득의 새로운 노인인구가 형성되는 것은 노인 자원봉사활동의 증가를 의미하며, 동시에 향후 노인 자원봉사활동이 단순 자원봉사로부터 재능기부로 이행할 가능성이 크다는 것을 의미한다.

우리나라 중·고령 퇴직자들의 사회공헌 일자리 모델로는 민간 싱크탱크인 '희망제작소'의 사례가 있다. '희망제작소'[18]는 2006년부터 베이비붐 세대에 주목하고 전문직 퇴직자들의 비영리단체 참여를 지원하는 〈해피시니어; Happy Senior〉[19] 사업을 시작했다. 〈해피시니어〉사업은 50~60대 전문직 은퇴자에게 초점을 맞추어 단순 봉사보다는 경험과 전문성을 활용한 공익활동 참여를 유도하고 있다. 이 전문직 퇴직자들은 사회공헌 활동 입문 프로그램을 통해 교육을 받고 지역 시민단체, 대안학교, 사회적 기업, 국제구호단체, 복지시설 등 다양한 비영리기관에서 사회봉사 활동에 참여하고 있다.

시니어의 사회공헌활동은 중년기 이후 성인에게 이전의 직무경험을 살리면서 직무욕구를 실현해주는 방법으로서 경력개발의 일환이므로, 경력일치를 바탕으로 한 직무특성의 설계와 그로 인한 전문성 인식의 증대는 시니어 재능기부를 활성화하고 지속적으로 재창출

하는 중요한 요소이다.[20]

3.3 명예기부자법[21]

가수 김장훈씨처럼 개인 기부를 많이 한 사람들이 갑자기 생계가 어려워졌을 경우 노후를 국가가 책임지는 방안이 추진되고 있다. 한나라당 정책위의장은 2011년 9월 "거액 기부자 중 사업실패 등으로 생활이 어려워져 본인과 유족들이 어렵게 생활하는 사람들이 있다"며 "국가가 해야 할 일을 대신해 주신 분들이니 만큼 노후는 국가가 일정 부분 책임질 필요가 있다"고 말했다.

한나라당 정책위에서 발의 예정인 '명예기부자법(일명 김장훈법)'을 이번 정기국회에서 중점처리 법안으로 선정하기로 하고, 30억 원 이상 기부한 사람을 '명예기부자'로 선정하고, 행정안전부에서 이들을 등록 관리하도록 했다. 60세 이상 명예기부자 중 개인의 총 재산이 1억 원 이하이고 소득이 없을 경우엔 국가가 생활 보조금을 줄 수 있도록 하고, 병원 진료비와 본인의 장례비도 국가가 전액 혹은 일부를 지원할 수 있도록 했다. 10억 원 이상 기부한 사람도 대통령령이 정하는 데 따라 생활지원금과 의료지원, 본인 장례비 지원을 받을 수 있도록 하는 내용이다.[22]

〈머니위크〉가 '명예기부자법' 추진과 관련 소비자리서치패널 '틸리언패널'에 의뢰해 설문조사를 실시한 결과 참여자 10명 중 7명꼴인 69.2%가 '찬성한다'고 답했다. '반대한다'는 13.6%로 '잘 모르겠다'(17.2%)보다 낮았다. '명예기부자법 도입을 찬성하는 이유'에 대해서는 41.9%가 '좋은 일에 대한 보상은 어떠한 방법으로든 필요하다고 보기 때문'이라고 답했다. 그 뒤를 이어 '기부 후 생계보장이 된다면 거액 기부가 늘 것으로 보기 때문'이 23.3%, '기부자들에 대해 국가가 일정부분 책임지는 것이 타당하기 때문'이 18.1%, '기부에 대한 일반인의 인식을 변화시킬 수 있기 때문'이라고 답한 경우는 13.3%였다.[23] 이 설문조사 결과와 같이 거액 기부자에 대한 안정적인 생계를 국가가 보장 한다면 이를 계기로 거액 기부자가 늘어나 기부문화가 확산될 것으로 기대된다.

3.4 기부금 운용의 투명성 보장 및 교육 지원

우리나라에서 기부가 저조한 이유는 무엇일까? '아름다운 재단'에서 실시한 설문조사에 의하면 기부를 하지 않는 이유 중 '기부대상자 및 자선 관련 시설, 기관, 단체를 신뢰할 수 없어서(49%)'가 매우 높게 나왔다. 또한, 자선/모금 기관 기부 시 '운영 및 재정의 투명성(50.1%)'과 '기부금 사용내용 및 기관정보 지속제공 여부(11.6)'를 많이 고려하는 것으로 나타났다.

이 사항들은 모두 기부의 투명성과 관련된 문제로, 개인기부자들이 기부하지 않는 가장 큰 이유는 기부재단을 불신하기 때문이라고 판단할 수 있다. 개인 기부자가 자신의 기부금이 정확하게 어디에 어떤 용도로, 누구에게 쓰였는지를 알 수 있는 정도의 투명성이 반드시 보장되어야하고, 기부금을 모금, 운용하는 비영리 단체들은 사회적 신뢰를 높이기 위해 다각적인 노력을 기울여야 한다. 이러한 노력을 바탕으로 우리 사회의 기부문화가 더욱 확산될 것이라고 확신한다.

또한 기부, 자원봉사, 재능기부 등의 동기유발에서는 미디어에 의한 보도(홍보)가 가장 큰 영향을 미치므로, 지상파 방송 및 언론에서는 다양한 분야의 기부캠페인을 적극적으로 추진하여 기부문화 활성화에 동참해야 하며, 보다 효과적으로는 기부 우수사례 소개, 재능기부 매칭시스템 구축 또는 육성, 기부자 및 수혜자에 대한 사전교육과 매뉴얼 개발 등이 필요하며, 더 나아가 청소년들을 대상으로 봉사

점수 획득을 위한 형식적인 봉사활동이 아닌 진정한 자원봉사활동 및 기부문화 교육이 절실히 필요하다.

4. 기부문화와 행복과의 상관관계

2009년 전경련에서 실시한 〈기업의 사회공헌활동에 대한 국민인식 조사〉 결과 사회공헌활동이 기업 이미지 제고에 기여한다는 응답이 72.2%를 차지하고, 사회공헌활동을 이행하는 기업의 제품을 구매하겠다는 응답이 83%에 달했다. 또한 가장 기억에 남는 기업의 사회공헌활동으로는 장학사업(21.9%), 소외계층 지원활동(21.7%), 환경·지역사회지원활동(14.4%), 문화예술지원(12.1%) 순으로 응답하였다.

이는 기업의 관점에서 볼 때 사회공헌활동(Corporate Philanthropy)은 기업이미지 및 브랜드 가치를 제고시키고 그 기업 제품의 재 구매로 이어져 더 큰 이익을 창출하는 긍정적인 결과를 가져온다.

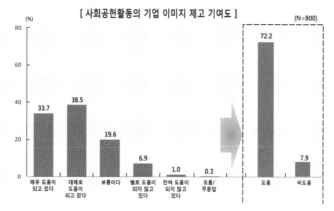

전경련 〈기업의 사회공헌활동에 대한 국민인식 조사〉 2009.

사회적 책임이나 일회적인 이벤트성 활동이라는 인식을 바꾸고 기업과 사회가 상생할 수 있는 사회투자의 한 부분으로 적극 활용해야 한다.

기부는 세금과 같이 의무감에 의한 것이 아니라 개인의 자발적 행위로 이루어지기 때문에 성숙한 시민의식과 사회에서만 가능하다. 자발적으로 자신의 부와 재능, 시간을 이웃과 함께 나누는 개인 기부 자들은 나눔을 통해 심리적 만족감과 기쁨을 얻는다.

최근 수입이 그리 넉넉지 않은 시민들의 소액 기부가 증가하고 있다. 전화 ARS를 통해 1,000원 또는 2,000원을 성금으로 기부하거나 신용카드 포인트나 마일리지를 기부하기도 하고, 정기 후원자가 되어 1~2만 원을 온라인 송금하기도 하며, 수입액의 1%를 정기적으로 기부하는 등 다양한 방식의 소액 기부에 적극 참여하고 있다. 이들은 조금만 관심을 가지고 나눔을 실천한다면 절망에 빠진 어려운 이웃들에게 '세상은 참 살만한 곳이구나!' 라는 희망을 심어주고 삶을 견뎌낼 수 있는 힘이 되어 준다는 것을 잘 알고 있다. 자신의 기부, 그것이 소액 기부든 재능기부든 그러한 일련의 행위가 우리 사회의 심각한 양극화 현상을 완화시키고 사회에 일정부분 기여했다는 생각은 곧 행복을 함께 나눈다는 의미를 함축한다.

행복과 나눔은 별개의 것이 아니다. 행복은 나누는 것이고 함께 나누면 행복해지기 때문이다. 지금까지 우리 대부분은 행복을 함께 나누지 못한 것이 사실이다. 그 이면에는 행복은 나누는 것이 아니라 자신만이 누리는 것이라고 여겨왔고 또 이를 당연시 여겼기 때문이다. 그런 점에서 보자면 우리는 행복을 마음껏 누리지도 못하고 살아 온 것이다. 행복은 나누는 것이 아니라 스스로 누리는 것이라는 관념은 아미도 근대 이후 가속화된 것으로 보인다. 과학기술의 발달로 인한 자본의 급속한 팽창과 개인의 욕구 충족이 상호 맞물리면서 모으고 이를 누리는 것이 정당화된 것으로 보인다. 나와 내 가족이 잘 살기 위해 모으고, 더 많은 재산을 세습하기 위해 또 모으고 있는 것이다.[24]

부를 행복의 원천으로 만드는 최선의 방법은 바로 나눔의 실천이다. 개인의 행복 차원에서 뿐만 아니라 사회 구성원 전체의 삶의 질을 높이기 위해서도 나눔은 우리 생활의 일부가 되어야 한다. "기부는 의무이고 책임이다. 사회의 도움 없이 그 어떤 비즈니스도 불가능하기 때문이다."라고 미국 글로벌 화학회사 헌츠먼 코퍼레이션의 존 헌츠먼(Jon Huntsman) 회장은 기부에 대한 자신의 의견을 말했다.[25] 이를 다시 해석하면 함께 나누는 것은 이제 의무이자 책임일 뿐만 아니라, 공동체의 도움 없이 한 인간이 생존한다는 것은 불가능하다는 의미를 반영한다.

기부자와 수혜자 모두에게 긍정적인 삶의 자세와 나눔의 기쁨을 통한 삶의 질 향상이라는 측면에서 볼 때 기부는 곧 사회구성원 모두에게 행복을 나누어 주는 것이다. 이러한 기부문화가 기업중심에서 개인중심으로, 자연 재해 및 연말연시에나 하는 일회성 기부에서 상시기부로, 거액소수에서 소액다수의 기부로 발전하여 나눔의 문화가 성숙해지면 우리 삶의 질도 개선될 것으로 보인다.

1) 민간단체가 중심이 되어 만들어진 비정부(非政府) 국제 조직. 정식명칭 : non governmental organization.

2) 사회 고위층 인사에게 요구되는 높은 수준의 도덕적 의무와 책임. 이는 지배 층의 도덕적 의무를 뜻하는 프랑스 격언으로 정당하게 대접받기 위해서는 '명예(노블레스)'만큼 의무(오블리주)를 다해야 한다는 것임.

3) 소수 특권층에 의한 노블레스 오블리주에 대한 상대적 개념, 사회적 책임을 다하는 시민이라는 의미임. 문제갑·양순필(2009), 『시티즌 오블리주』, 역사 비평사, 참조.

4) 사회복지공동모금회에서 2008년 설립한 클럽으로 1억원 이상을 기부한 고액 기부자 모임, 사랑의 열매 홈페이지 http://www.chest.or.kr/

5) 미국공동모금회(United Way America)가 1984년부터 '운영하는 고액 기부자 클럽. 마이크로소프트 창업자인 빌 게이츠 전 회장을 비롯한 2만6000여명이 회원으로 활동하면서 기부금이 연간 5천억원에 이른다. 조선일보 2011년 10월 03일자 기사.

6) 〈자본주의 4.0 제2부 나누는 사람들〉 타이틀로 아너소사이어티 회원 49명과 그 주변 지인, 가족을 전수 조사한 기획기사. 조선일보 2011년 9월 26일자 기사.

7) 개인이 가진 재능을 사회단체 또는 공공기관에 기부하여 사회에 공헌하는 것임.

8) 조선일보 〈재능을 나눕시다〉 캠페인 연간 참여 현황 2010.12.20 기사 참조.

9) 자원봉사활동에 관한 기본적인 사항을 규정함으로써 자원봉사활동을 진흥하고 행복한 공동체 건설에 기여함을 목적으로 2005년 신규 제정한 법률 제 7669호. 국회 법률지식 정보시스템 참조.

10) 특집 〈재능기부 우리곁에 성큼〉 김난도 교수 인터뷰 내용. 위클리 경향 894호 2010년 9월 29일자 참조.

11) 〈재능기부 또 다른 나눔/기부문화 선도 강지원 변호사〉, 농민신문 2010년 12월 13일자.

12) ISO 26000은 강제규정은 아니지만 향후 국제 입찰이나 글로벌 시장 진입 등에서 중요한 판단 요소이자 기업평가의 중요한 잣대로 활용될 것으로 예상됨.

13) 박소현(2011), "문화예술분야 재능기부 활성화 방안 연구", 한국문화관광연구원.

14) 한동우(2009), "한국의 기부문화 현황과 과제", 강남대학교 사회복지학과.

15) 봉사활동 실적에 따라 자원봉사자 개인이나 기업에게 세금이나 세제혜택 등을 제공하는 제도.

16) 자유 민주당 이상민의원 자원봉사자 인센티브제 도입 '자원봉사활동기본법개 정안'발의, 대전투데이 2011년 4월 10일자.

17) 봉사자의 지속적, 헌신적인 재능나눔을 통해 지역사회 문제를 해결하고 봉사 자의 경력개발과 시민의식을 함양하는 새로운 봉사 모델, 대한민국사회봉사단.

18) 2006년 문을 연 재단법인으로 '시민들에 의한 싱크탱크'라고 명제를 내세움. 정부연구소나 기업연구소가 각 정부나 기업의 연구 활동을 한다면 희망제작소 는 오로지 시민들의 이익을 고민한다는 의미임. 지금까지 거시적인 담론보다 실생활에서 바로 활용할 수 있는 아이디어를 현실화하는 데 주력하는 것이 특 징이며 간단하지만 도움이 되는 아이디어를 만들어 현장에 적용시키는 성과를 내고 있음, 위키백과 희망제작소 참조.

19) 희망제작소 시니어 사회공헌센터에서 운영하는 민간 비영리 단체로 삶의 경 험과 전문성을 갖춘 중.고령은 퇴직자들의 사회공헌활동을 지원하고 있음. 해 피시니

어 홈페이지 참조.

20) 박소현(2011), "문화예술분야 재능기부 활성화 방안 연구", 한국문화관광 연구원.

21) 개인 기부를 많이 한 사람들을 '명예기부 자'로 선정, 생계가 어려워졌을 때 국가가 생활보조금 등을 지원하는 '내용의 한나 라당 정책위에서 발의 한 법안.〈기부천사 노후보장 '김장훈법' 만든다〉조선일보 2011년 9월 1일자.

22) 〈기부천사 노후보장 '김장훈법' 만든다〉 조선일보 2011년 9월 1일자 기사.

23) 〈머니위크 커버〉명예기부자법 찬·반 조 사, Daum미디어 머니위크 2011 년 9월 22일자.

24) 예종석(2007), 『희망 경영: 100년을 위한 10년 경영의 길』, 마젤란.

25) 〈500대 글로벌 기업〉美 헌츠먼社의 존 헌츠먼 회장 인터뷰 내용, 조선일보 WeeklyBIZ 기사 / 2011년 10월 29일자.

성공과 행복이
갖는 의미

김장용

성공과 행복이 갖는 의미[1]

김장용

1. 성공의 주관적 가치와 객관적 가치

사람이라면 누구나 성공하고 싶다는 욕망을 지닐 것이다. 사람에게 있어 크고 작음, 높고 낮음, 같음과 다름의 차이가 있을지라도 내재된 성공의 열망은 분명 자신의 행동을 정당화하면서 자신이 갈구하는 성공의 길로 일관되게 걸어가도록 만들 것이다. 이러한 내재된 성공에 대한 열망은 그 목표를 향해 일관된 방향으로 이끌기도 하지만, 만일 그것이 좌절될 경우 처절한 내적 반성과 함께 삶의 의미에 대한 결단의 기로에 서게 만들기도 한다. 따라서 성공에 대한 욕구와 그 성취 사이의 우연적인 측면 역시 배제하기는 어렵다는 점이다. 이와 관련하여 생각해 보아야 할 점은 성공에 대한 가치에 관한 부분일 것이다.

보다 구체적으로 성공의 객관적 가치란 있는 것인가? 반면 스스로 성공했다고 인정하는 것만으로 성공한 것으로 받아들일 수 있는가? 다시 말해 객관적인 인정이나 타인의 인정과 무관하게 그 자체로 성공의 가치를 받아들일 수 있는가 하는 점이다. 만일 이 점을 받아들인다면 성공에 대한 타인의 인정과는 무관하다는 점에서 성공에 대한 '주관주의적 견해'라고 할 수 있을 것이다. 이 견해에 따르면 스스로 성공했다고 자부하는 자신이 그 성공을 자축하게 될 것이다. 여기에서 다시 제기될 수 있는 물음은 과연 성공이 갖는 가치가 주관적인 것이라고 해야 하는가? 하는 점이다. 다시 말해 타인이 인정해 주지 않는 성공을 과연 성공이라고 할 수 있는가의 문제일 것이다.

이와 상반된 각도에서 생각해 본다면, 성공이란 객관적인 조건을 만족시켰을 경우 비로소 성공했다는 견해가 있을 수 있다. 이 점을 성공에 대한 '객관주의적 견해'라고 하자. 이러한 객관적인 견해에 따르면 성공은 자기-만족이라는 성격과는 차이가 있다. 성공에 대한 특정한 기준이 있어서 그러한 기준을 만족시켰을 경우, 오직 그 경우에만 성공했다고 말할 수 있을 것이다. 그렇다면 이러한 기준 내지 조건에는 어떠한 것들이 있을 수 있는가? 물론 상식적인 차원에서 자신의 건강 및 가족의 건강, 대인관계, 경제적 여건, 자신의 지위 등을 들 수 있을 것이다. 문제는 만일 이러한 조건을 목록화해서 어느 누구든 이러한 조건을 만족시키는 경우, 즉 이러한 조건 가운데 80%이상 만족한 경우라고 한다면 성공했다고 할 수 있는가 하는 점이다. 여기에도 분명 문제가 있을 수 있다. 비록 이러한 객관적인 조건을 만족시켰다고 할지라도 스스로 인정하지 않고 받아들이지 못해서 결국 만족스럽지 못하는 경우는 얼마든지 있을 수 있기 때문이다.

결국 객관주의 견해에 따른 성공이 의미가 있기 위해서는 두 가지 방법이 있을 수 있다. ① 하나는 인간의 본성상 모든 사람이 지향하는 성공에 대한 욕구가 동일하다는 점을 인정해야 하는 것이고, ② 다른 하나는 성공에 대한 주관적인 가치와 객관적인 가치를 동일시하는 것이다. 그런데, ①의 경우 인간의 본성에 대한 탐구가 선행되어야 하겠지만 상식적인 선에서 생각해 보더라도 인간이 갖는 모든 욕구가 동일하다고 할 수 있겠는가? 만일 그렇다면 궁극적으로 인간 사회에서는 오직 단일한 서열만이 존재한다고 보아야 할 것이다. 마치 동물의 세계에서 본능에 따른 서열과 같은 것으로 이해할 수 있다. 이 경우 매우 다양한 분야에서의 서로 다른 성공은 있을 수 없다.

또한 ②의 경우 객관적인 조건과 주관적인 조건을 부분적으로는 일치시킬 수 있겠지만 모두 일치시킨다는 것이 과연 가능한가 하는 점이다. 만일 일치시키는 것이 가능하다면 주관적인 조건이 모두 객관적인 기준으로 환원되든가, 아니면 객관적인 조건이 주관적인 조건으로 환원되든가 둘 중에 하나일 것이다. 그런데 이와 같이 환원시킨다는 것은 불가능하다. 그 성격 자체가 전혀 별개인데, 주관적인 것이 스스로의 가치에 해당하는 것이라고 한다면 객관적인 것은 사실의 영역에 해당하는 것이기 때문이다. 가치와 사실의 문제는 상호 호환이 불가능하다는 것은 무어(Mooer)의 증명을 통해 잘 알려진 사실이다. 객관주의적 견해에 따른 성공은 자신의 의지와 무관하게 마련된 객관적인 조건이 만족되는 경우를 성공이라고 할 수 있다. 하지만 후자의 경우 전적인 환원은 아니겠지만, 부분적인 함수 관계를 이룰 수는 있다.

이 점이 앞에서 언급한 바와 같이 부분적으로 상호 일치시키는 것이다. 이 경우 주관적인 견해와 객관적인 견해 간에 공통분모를 형성하는 것이다. 이러한 공통분모는 곧 성공에 대한 상호주관적인 기준을 마련할 수 있다는 것을 의미한다. 비록 다양한 가정과 다양한 전제가 있을 수 있겠지만, 앞에서의 논증을 통해 마련된 전제에 비추어 볼 때, 성공은 객관적인 기준이 주관적인 기준에 따른 자신의 생각과 행동을 통한 결과와 상호 일치할 경우 성공했다고 말할 수 있을 것이다. 이것이 결과적으로 '행복한 자신의 현재'와 상통한다고 말할 수 있다. 물론 여기에는 자신의 성공이 다른 사람의 불행과는 무관해야 한다는 또 다른 전제가 요구된다. 물론 지극히 행복한 자신의 현재를 만들어내는 것은 바로 자신이다. 그러기에 기본적으로 자기관리에 성공하는 과정이란 여기에서 결정적인 역할을 하게 된다.

2. 경제적 성공과 행복

'성공'과 '행복'이 서로 분리될 수 없다는 생각이 일반적이기는 하지만 구체적으로 서로 별개인지 아니면 유사성을 갖는 것인지 혹은 하나가 다른 하나의 조건이 되는 것인지에 대한 물음은 자연스럽게 제기될 수 있다. 대부분의 사람들이 성공과 행복을 꿈꾸며 그것을 성취하기 위해 노력하지만, 그것을 이루었다고 생각하는 사람이 그리 많아 보이지는 않는다. 또한 행복과 성공이 각각 무엇이며 또 그 관계가 어떠한지에 대해 말해보라고 한다면 우리는 벙어리가 되고 만다. 그렇다면 성공과 행복은 무엇이며 또 어떤 관계를 갖는 것일까?

이에 대한 답변을 위해 우선 성공을 경제적 측면에 초점을 맞추어 생각해 보자. 삶의 질과 행복에 대한 성찰 없이는 소득의 증가가 바로 삶의 만족으로 이어지지는 않는다. 오늘날 사람들이 행복을 좌우하는 가장 결정적인 요소가 경제적 수입이라고 여기고 있는 것이 현실이다. 아리스토텔레스가 행복을 "탁월성에 따르는 영혼의 활동"

으로 들고 있는 것과는 전적으로 대비된다. 이에 대한 이해를 위해 경제적 부와 행복과의 상관관계에 대해 생각해 볼 필요가 있다.

문제는 행복을 좌우하는 결정적인 요소가 경제적 수입이라는 견해가 일인당 국민소득 2만 달러 정도를 분기점으로 해서 잘 들어맞지 않기 시작한다는 점이다. 국민소득 2만 달러 이하인 국가들의 경우 수입과 행복의 비례관계를 보여주고 있지만, 국민소득 2만 달러 이상인 국가들의 경우 이러한 비례 관계의 불일치를 잘 보여주고 있다. 이것은 일견 행복지수의 상승이 수입의 상승과 비례함을 보여주지만, 더욱더 향상된 경제적 부의 상태는 결코 삶의 질에 대한 만족을 추가적으로 보장해 주지 않는다. 이러한 분석에 비추어 볼 때 무엇보다 중요한 것은 현재 우리나라가 이러한 분기점 근처에 위치하고 있다는 사실이다.

이 점은 우리의 경우 경제적 부와 국민들이 느끼는 행복과 서로 일치되지 않는다는 사실을 말해준다. 하지만 대부분의 사람들은 경제적으로 성공하면 곧 행복해 질 것이라고 믿고 또 노력하고 있지 않은가? 우리가 기억해야 할 것은 "우리가 존재하는 목적은 행복을 찾기 위한 것이다."라는 아리스토텔레스의 지적을 염두에 둘 필요가 있다. 결국 우리 삶의 목적은 행복이라는 것이다. 이 말에 대해서는 대부분의 사람들이 이견이 없을 것이다. 하지만, 우리는 주위에서 성공했으나 행복하지 못한 이들을 어렵지 않게 찾아 볼 수 있다. 성공하면 행복해질 것이라 믿고 지나치게 성공을 추구하다 보니, 우리 삶의 최종 목표인 행복을 어느 틈엔가 잊고 지나쳐버리게 된 것이다. 행복에 대해 아리스토텔레스는 그의 저서 『니코마스 윤리학』에서 다음과 같이 언급하고 있다.

"진리를 탐구하여 스스로 깨닫고, 자기가 깨달은 진리를 관조할
때 무한한 행복을 느낀다!"

앞에서의 논의를 토대로 이제 성공과 행복의 관계에 대해 살펴
볼 필요가 있다. 우선 행복해지기 위해 선택한 수단으로써의 성공이
있다. 이룬다는 뜻의 성(成)과 공적, 목적이란 뜻을 지닌 공(功)이란
한자로 이루어진 성공의 어원에서 살펴보면 쉽게 알 수 있듯이 성공이
란, 말 그대로 '목적하는 바를 이룸'을 일컫는다. 인생을 살아감에 있
어 우리는 실로 여러 가지의 목표를 설정하고 그 목표를 이루고자 노
력을 한다. 또한 그 목표를 이루었을 때 우리는 행복감을 얻게 되는
데, 이는 대부분의 사람들이 행복을 얻기 위해 선택한 방법 가운데 하
나이며, 우리가 행복과 성공의 관계를 쉽게 오해하게끔 만든 원인이기
도하다. 아리스토텔레스는 『니코마스 윤리학』에서 자기가 깨달은 진
리를 관조하는 것을 성공이란 개념으로 놓고 보았을 때, 우리는 그 행
위를 행복을 느끼기 위해 선택한 수단이라고 볼 수 있는 것이다.

반면 성공을 위한 행복도 존재하고 있다. 달라이 라마나 러셀,
데일 카네기와 같은 인물들의 행복론을 통해 그러한 경우를 살펴볼
수 있다.

"삶의 목표는 행복에 있다. 종교를 믿든 안 믿든, 또는 어떤 종교
를 믿든 우리 모두는 언제나 더 나은 삶을 추구하고 있다. 따라서
우리의 삶은 근본적으로 행복을 향해 나아가고 있는 것이다. 그
행복은 각자의 마음 안에 있다는 것이 나의 변함없는 믿음이다."
                              - 달라이 라마의 『행복론』 중에서

　　티벳의 지도자 달라이 라마의 행복에 대한 입장은 위 문장을 통해 잘 드러나고 있다. 그의 행복은 결국 '각자의 마음 속'에 존재한다는 것이다. 이러한 그의 입장은 '사회의 행복에 대한 요건'을 전적으로 배제한 채 오직 '심적 평화'와 '마음의 평정'을 통하여 행복에 다다를 수 있다고 이야기하고 있다.

3. 성공과 행복 관계

　　성공과 행복은 인생에 있어 무엇보다 중요한 요소임에 분명하다. 인간이 추구하는 궁극적인 목적이 행복에 있다는 아리스토텔레스의 입장을 군이 언급하지 않더라도 우리가 행복을 지향한다는 점에 대해 이의를 제기할 사람은 아무도 없을 것이다. 그런데 행복과 성공의 상관관계에 있어 두 가지 견해가 있을 수 있다. 하나는 성공해야 행복할 수 있다는 견해가 그 하나라고 한다면, 다른 하나는 행복해야 성공한다는 견해이다. 행복과 성공의 상관관계에 대해 알베트 슈아비처는 다음과 같이 언급하고 있다.

　　"성공이 행복의 열쇠가 아니라 행복이 성공의 열쇠다. 자신의 일
　　을 진심으로 사랑하는 사람이라면 그는 이미 성공한 사람이다."

　　또한 같은 맥락에서 워렌 버핏은 성공과 행복에 대해 다음과 같이 주장하고 있다.

"자신이 좋아하는 일을 해서 원하는 것을 얻으면 그것이 바로 성공이고 얻은 것에 만족하면 그것이 바로 행복이다."

여기에서 슈아비처는 행복이 성공의 선결 요건이 된다고 말하고 있는 셈이라고 한다면, 워렌 버핏은 성공의 동적(動的)인 측면과 행복의 정적(靜的)인 측면을 개인적인 관점에서 출발하여 행복을 확보할 수 있다는 것으로 이해할 수 있다. 이와 함께 어느 누구든 성공을 위해 자신이 잘 할 수 있고 스스로 즐기고 만족할 수 있는 일을 선택하는 것이 매우 중요하며, 그 만족도에 따라 개인별로 행복에 대한 인식의 차이가 있다는 점 또한 알 수 있다. 이 점에 비추어 본다면 성공과 행복이 마치 분리되어 있는 것 같지만 만족도를 얼마나 극대화시킬 수 있느냐의 여부에 따른 성공과 함께 행복이 주어질 수 있다는 점을 시사하고 있다.

여기에서 우리는 행복의 근간이 되는 성공 역시 행복을 위한 핵심적인 요건이 될 수 있다는 점에서 성공을 추구하는 것은 물론 행복을 얻을 수 있는 태도 또한 중요하다는 점을 알 수 있다. 성공은 곧 만족도 혹은 행복감에서 비롯되고 행복은 곧 성공을 통해 확보될 수 있다는 측면을 반영한다. 특히 어떤 마음가짐을 갖느냐에 따라 나를 둘러싸고 있는 조건인, 즉 환경을 바꿀 수 있다는 점은 시사하는 바가 매우 크다. 우리 스스로가 행복을 위한 성공을 향해 끊임없이 나아가는 것과 함께 이를 긍정적으로 받아들이고 삶 속에서 실천한다면 성공과 행복은 항상 함께 하는 것이며 성공이 지향하는 것 역시 행복이라는 큰 틀 속에 주어져 있는 것이라고 생각한다.

이러한 내면의 인식 전환을 통해 성공의 전기를 마련한 사례가 있다. 2011년 여행업에서 자신의 입지를 확고하게 구치고 있는 송경

애 대표는 일의 시작을 위해 일단 저질렀고, 저지른 일에 대해서 '성공'이 아니라 '행복'을 추구했다는 그의 언급을 통해 이러한 점들을 확인할 수 있다. 그녀는 다음과 같이 말하고 있다.

> "강해서 견딘 것이 아니라 견디면서 강해지는 것이고 능력이 있어서 성공하는 것이 아니라 목표를 위해 나아가면 성공을 위한 능력을 갖게 되므로 성공하고 싶다면 먼저 시작하라." 그 시작은 견뎌야 하는 고통이 아니라 행복이라고 인식한다면 성공의 지름길이 될 것이다."

이러한 그녀의 주장 속에는 결국, 자신에게 주어진 것을 즐기고 견뎌낼 줄 아는 사람이 과정적 의미에서 성공하는 것은 물론 곧 행복을 누릴 수 있는 자격을 갖춘 사람이라고 말하고 있다.

행복과 성공과의 상관관계에 있어 성공한 사람이라고 해서 모두 행복한 것이 아니라고 했을 때, 이 경우 성공이 행복을 위한 충분조건은 아닐 것이다. 왜냐하면 성공하지 못한 사람이 모두 불행한 것은 아니기 때문이다. 그렇다면 성공이 행복을 위한 하나의 필요조건은 될 수는 있어도 충분조건은 아니라는 점에서 행복은 성공에 선행하는 것으로 이해할 수 있다. 그래서 행복을 위한 성공이라는 말은 성립할 수 있어도 성공을 위한 행복이라는 말은 성립하지 않는다. 왜냐하면 아리스토텔레스도 주장했듯이 인간이 추구하는 궁극적인 목적으로서의 행복은 그 자체로 더 이상의 목적을 갖지 않는 자기-목적이자 궁극적인 목적이기 때문이다. 그런 점에서 행복을 위한 수단으로서의 성공이라는 말은 성립할 수 있어도 성공을 위한 수단으로서의 행복이라는 말은 성립할 수 없다.

행복을 위한 성공은 인간이 추구하는 목적 달성을 위한 효과적인 접근 방법론일 수 있다. 인간이 추구하는 행복에 보다 가까이 근접하기 위해서는 그 과정으로서 객관적이고도 주관적인 측면을 아우를 수 있는 조건을 갖춘 성공도 중요한 행복의 척도로 작용할 수 있다. 그래서 행복의 척도가 그 만족도에 있다고 했을 때, 이를 만족시킬 수 있는 기준이 무엇이냐에 대한 물음은 자연스럽게 제기될 수 있다. 물론 그 기준은 개인에 속한 사안일 수도 있겠지만 외부에 의해 주어진 것일 수도 있다. 외부에 의해 주어진 것은 또한 이를 내가 어떻게 받아들이느냐의 문제일 수 있다는 점에서 무엇보다 중요하면서도 그 귀착점은 개인에 속한 사안이 될 것임에 분명하다. 결국 행복이 개인에 속한 사안이라는 점에서 행복감은 스스로 느끼는 사안에 속한 것으로 누구든 그 만족은 각자가 갖는 내적 기준에 의해 결정된다. 따라서 행복을 얻을 수 있는 열쇠는 바로 내 마음가짐에 달려 있다고 해도 큰 무리는 없을 것이다.

각자 나름의 행복의 열쇠를 가지고 있다는 점에서 타인의 행복에 대해 객관적인 잣대로 평가할 수 있는 성질의 것도 아니다. 그래서 누구나 나름의 내적 기준을 통해 행복해질 수 있으며, 이는 곧 스스로의 마음가짐에 달린 문제임에 분명하다. 그렇다면 그 적용의 측면에서 행복을 얻고자 할 경우 어떠한 기준들이 가능할 수 있을까? 일반적으로 말하는 '긍정의 힘', '감사하는 마음', '주어진 것에 대한 만족' 등도 행복해지기 위한 가능한 조건일 수 있다. 그래서 쇼펜하우어는 행복은 '나 자신'에서 찾아야 하며, 금전이나 물질에 대한 소유나 지위와 같이 타인의 눈에 들어서 얻을 수 있는 행복은 일시적이거나 공허하다고 말한다. 그렇다면 자기 주관에 따른 내적 기준을 정립하고 자신으로부터 행복을 찾아내야 한다는 결론이 귀결될 수 있다. 자기주관이 결여된 내면적 자아가 공허한 사람은 외부로부터 그 기준들이 충족되기를 바랄 수 있다. 끝임 없이 외부로부터 충족되기를 바란다고 하는 것은 궁극적으로 자기만족이 확보될 수 없다는 점에서 행복과는 거리가 멀 수밖에 없다. 이 점은 '인간의 행복은 대부분 자기 마음에서 비롯된다.'는 메트로도루스의 주장과 '사람은 행복하기로 마음먹은 만큼 행복하다.'는 링컨의 주장에서도 확인할 수 있다.

앞에서도 언급했듯이 인간이 추구하는 궁극적인 목적으로서의 행복은 성공의 전제 조건이라는 점에서 성공이 행복의 조건일 수는 있어도 역으로는 성립하지 않는다. 그래서 이를 적용할 경우 자신의 내적 기준에 따라 긍정적이고 자신에게 주어진 것에 만족하고 감사하는 사람은 행복 달성을 위한 조건을 확보하고 있는 셈이다.

사람들은 사랑을 할 때 세상이 달라 보인다고 한다. 평소와 다를 바 없는 하늘, 바람, 비, 꽃 등이 아름다워 보이는 이유는 이들을 대하는 기준이 달라졌기 때문일 것이다. 물질적 풍요가 행복의 조건이 아님은 "인류학자들에 따르면 구석기나 신석기 시대 사람들은 우리보다 훨씬 많은 여가생활을 즐겼고 우리 보다 더 행복했을 수 있다."는 김성동의 주장에서도 확인할 수 있다.

4. 성공과 행복의 본질

영국의 철학자 러셀은 인간이 불행한 이유가 무엇인가를 분석함으로써 행복을 얻어낼 수 있다고 말한다. 한마디로 말해 불행의 원인은 분수에 맞지 않는 삶을 추구함으로써 나쁜 감정을 가지고 삶에 임하기 때문이라는 것인데, 러셀의 『행복론』 목차에서 그가 열거한 경쟁, 권태와 자극, 피로, 질투, 죄의식, 피해망상 따위의 것들이 인간을 행복으로부터 멀어지게 만든다는 것이다. 그는 또한 책 속에서 이러한 감정들을 내가 왜 느끼게 되었는지에 대한 원인을 찾고 그것에서 자신에게 합당한 삶의 의미를 다시 찾으라고 이야기 한다. 그것이 바로 불행한 감정들에서 벗어나는 올바른 방향이라는 것이다. 그리고 행복을 느끼는 원인은 분수에 맞는 삶을 살고 자신의 일상에서 일어나는 작은 것에서부터 행복을 찾으라는 것이다, 인간은 항상 지금의 현재보다 더 나은 미래를 꿈꾸지만 그 미래는 결국 현재의 내 모습이 만들어내는 것이다.

카네기는 자신의 저서를 통해 사람들이 하고 있는 걱정들이 너무도 쓸모없는 것들이라고 지적하면서 행복을 얻기 위한 방법으로 걱정을 분석하고, 고민의 습관화를 물리치며, 행복한 정신 상태를 기르는 것 등의 방법들을 제시하고 있다. 또한 그는 "현실을 직시하라, 일어 날수 있는 최악의 결과를 받아들일 생각을 하라, 그리고 이 일에 관하여 당신이 할 수 있는 것을 찾아라."라고 조언하면서 행복은 우리가 노력함으로써 얻어지는 결과라고 이야기하고 있다. 결국 성공을 위한 행복이란 삶의 성공이란 개념을 좀 더 넓은 의미의 것으로 파악하였을 때, 그것을 이루기 위해 우리는 우리 삶의 태도를 바꾸는 등의 노력을 통해 성공과 행복에 이를 수 있다는 것이다.

성공과 행복에 대한 개념의 설정에 따라 그것의 관계가 변하게 되는데, 성공했으나 불행한 경우나, 결코 성공하지 못하였지만 만족한 삶을 사는 경우의 차이가 생기게 되는 것이다. 물론 이러한 두 경우는 개인마다 혹은 개인과 사회의 관점마다 모두 다른 의견을 갖는, 지극히 상대적인 것이다. 그래서 그것이 옳다 그르다는 것을 결론지을 수 있는 성격의 문제는 아니다. 하지만, 우리는 성공과 행복의 이러한 관계를 살펴봄으로써 그것들이 지닌 본질적인 의미를 음미할 수 있을 것이다.

'성공' 혹은 '행복'하면 우선 떠오르는 것이 개개인에 따라 다른 모습일 것이다. 가난한 이에게는 부유한 삶이 성공일 것이고, 몸이 아픈 이에게는 건강이 곧 성공 혹은 행복이라고 여길 것이다. 이렇듯 성공과 행복에 대한 개념은 주관의 영향을 받는다. 다시 말해 그것에 대한 기준은 각자가 모두 다를 수 있다. 하지만 그 개념을 형성하는데 있어 주관적인 측면 외에도 사회적인 측면 역시 작용하고 있음을 발견하게 되는데, 대부분의 사람들이 부자가 되기 위한 욕망이 강한 것을 보았을 때 우리는 성공과 행복에 대한 개념은 사회의 분위기를 반영하고 있음을 알 수 있게 된다.

사회적 측면에서의 성공을 얻기 위해서는 자신만이 목표한 것을 이루는 것 이외에 사회가 암묵적으로 강요하는 조건들을 만족시켜야 하는데, 우리는 사회가 요구하는 기준에 도달했을 때 비로소 자신뿐만 아니라, 타인에게 성공했다는 평가를 받을 수 있게 될 것이다. 또한 개인이 행복을 얻기 위하여 추구하는 성공과 사회가 요구하는 성공의 모습이 다른 양상으로 발생하기도 하는데, 이러한 개념에 대한 차이는 우리 모두가 성공과 행복을 한정짓고 있는 선이 모두 다르기 때문에 발생하는 문제이므로 어떻게 보면 너무나도 당연한 것이다. 하지만 이를 이해하지 못하고, 다른 이들의 행복과 성공을 위한 노력을 인정하지 않는 경우가 나타나기도 한다.

성공했으나 행복하지 못한 이들이 있다. 그들이 행복해질 수 없었던 이유는 무엇일까? 행복을 얻기 위해 시작했던 일들이 하나 둘 결실을 맺어 성공이란 열매로 나타나는데, 정작 그 열매를 먹어보니 아무 맛도 나지 않는 경우이다. 이것은 아마도 우리들이 성공을 위해 노력하지 않았기 때문이 아니라, 잘못된 방향으로 성공의 개념을 설정하고 무조건 밀어붙인 결과일 것이다. 예를 들어 돈을 벌기위해 가정에 소홀히 하게 되는 경우가 있는데, 이것은 그 돈을 버는 목적이 무엇인가에 대한 목표 설정이 되어있지 않기 때문에 발생하는 것이다. 본래적 목표에 대한 개념을 설정하고 이것을 지속적으로 우리의 관념 속에 활성화시키는 것이 성공과 행복을 얻을 수 있는 핵심적인 방법 가운데 하나일 것이다.

사회적으로 성공과 행복의 기준이 설정되기란 불가능한 것이다. 하지만 소수의 사람들은 자신의 기준을 마치 객관적 기준이라도 되는 듯이 자신의 잣대를 들이대어 다른 이들의 삶의 목표를 경시하는 오류를 범하기도 한다. 성공한 재벌 총수와 행복한 자선사업가가 있다고 하자. 이 두 인물은 서로의 삶의 목표에 대해 어떠한 견해를 가질지 알 수는 없다. 그러나 위에서 언급했듯이 모든 사람들의 성공과 행복에 대한 견해는 같을 수 없다는 것이다. 단지 '우리가 존재하는 목적은 행복을 찾기 위한 것'이라고 주장했던 아리스토텔레스의 이야기만이 보편성을 지니고 있다고 할 수 있다. 때문에 우리는 다른 이들의 삶의 목표를 바라볼 때 그것이 결코 틀린 것이 아닌 다른 것일 뿐이라는 인식을 지닐 필요가 있다. 이는 또한 성공과 행복의 또 다른 하나의 방법인 것이다.

1) 이 글은 2009년 '성공의 지혜'를 주제로 한
    교양세미나 결과보고서를 바탕으로하여
    홍병선 교수의 도움을 얻어 작성된 것임.

행복의 조건에 대한
철학적 근거

임옥

행복의 조건에 대한 철학적 근거

임옥

1. 행복의 조건

행복이란 무엇인가? 라는 물음은 인류의 탄생과 더불어 지금에 이르기까지 지속적으로 제기되어 온 물음이다. 행복의 전제 조건이 건강이라고 했을 때 어떻게 하면 건강하고 행복하게 살 수 있을까? 라는 물음은 인간의 본성에 속하는 문제라는 점에서 인간의 공통된 물음임에 분명하다. 일반적으로 많은 것을 원하지 않고, 적은 것에도 만족할 줄 아는 것이 곧 행복이라고 주장하는 경우를 흔히 접할 수 있다. 이러한 입장을 전제했을 때, 출세나 성공을 목적으로 한 삶의 경우 실패의 가능성 역시 얼마든지 있을 수 있다. 물론 성공을 바라지 않고 현실에 만족한다면 그러한 불행과는 어느 정도 거리가 있을 수 있다.

자신이 정한 목표나 꿈이 스스로의 노력에 의해 달성된다는 사실은 지극히 당연할 것이다. 그래서 실패했다고 해도 여기에 굴하지 않고 노력하고 또 다시 도전하는 것은 자신에게 달린 문제인 것이다. 물론 여기에는 스스로 정한 목표에 대해 기대에 미칠 수도 있고 또 그렇지 못할 수도 있다. 여기에는 성공한 사람이라고 했을 때 노력의 결과에 따른 것으로 받아들일 수 있고, 그렇지 못한 경우 결국 스스로의 노력이 부족한 탓으로 돌릴 수도 있다. 또한 성공이 갖는 의미 자체가 상대적일 수 있다는 점이다. 예컨대 자신의 성공이 곧 타인의 실패를 의미할 수도, 타인의 성공이 곧 자신의 실패를 의미하는 것일 수 있기 때문이다. 여기에서 성공과 실패를 결정할 수 있는 절대적인 기준이 존재하는가? 라는 물음은 자연스럽게 제기된다. 그 일차적인 답변은 개인적인 삶의 가치와 연관되어 있다는 점에서 그 양자의 구분 자체가 어떻게 보면 무의미할 수 있다. 이와 관련하여 성공은 했지만 스스로 만족하지 못하는 경우를 생각해 볼 수 있다. 말하자면 성공에는 단계가 있어서 나의 노력과 능력으로는 도저히 달성할 수 없지만 그것을 바라는 경우이다. 상식적인 차원에서 성공과 행복이란 개념이 매우 광범위해서 이타적 행위를 포함하지만 물질적 풍요도 동시에 포괄하는 것으로 받아들일 수 있다.

행복의 조건에는 물론 개개인이 무엇을 추구하느냐에 따라 차이가 있긴 하지만 사람마다 추구하는 목표가 다르다. 하지만 행복에 대한 상부조건과 하부조건이 있다고 했을 때, 그 하부조건은 상부조건을 위해 토대가 되는 조건으로서 여기에는 '건강'과 '최소한의 물질적 부' 혹은 나의 의지가 발휘될 수 있는 상황 등이 여기에 해당할 것이다.[1] 그렇다면 그 가운데 현실적인 상황을 고려했을 때, 행복의 전제조건으로 물질적인 측면이 필수불가결하다는 사실을 부인하기는 어려울 것이다.

2. 행복에 대한 두 견해

"행복이란 무엇인가?"라는 물음은 다시 말해 "어떤 경우에 행복한가?"라는 물음과 같은 의미로 해석할 수 있다. 그런데 "어떤 경우에 행복한가?"라는 물음이 갖는 의미는 또 다시 어떠한 조건을 만족했을 때 행복하다고 할 수 있는가에 대한 물음으로 받아들일 수 있다. 이는 곧 행복의 조건에 관한 물음이다. 행복의 조건과 관련하여 다양한 논의가 가능하겠지만, 무엇보다 고려해야 할 사항은 행복이 인간의 행위에 관한 문제인 점을 감안했을 때, 인간 행위의 가치와 관련되어 있음에 분명하다. 하지만 이 또한 성공과 행복의 문제를 결과론적관점에서 판단할 것인지 동기론적 관점에서 판단할 것인지에 관한 문제로 귀결된다.

결과론적 관점에서의 성공과 행복은 공동체와 유리될 수 없다는점에서 그 기준은 결과적으로 자신을 포함한 공동체의 최대 이익 산출과 직접적인 연관성을 갖는다. 반면에 동기론적 관점에 따를 경우결과와 상관없이 그러한 특정한 법칙에 따른 준칙을 받아들였을 때성공과 행복은 확보될 수 있을 것이다. 여기에서 전자를 대표하는 입장이 공리주의라고 한다면, 후자는 의무론적 견해로써 대표적인 인물로 칸트(I. Kant)를 들 수 있다. 행복을 두 관점에 따라 서로 대별해서생각해 본다면 서로 다른 조건이 제시될 것임에 분명하다. 그렇다면의무론적 관점과 결과주의적 견해인 공리주의와 그 차별성에 따른 행복의 조건에 대해 살펴보기 위해 다음 사례를 생각해 보자.

새벽 세시, 대학 기숙사에서 같은 방을 쓰는 친구가 당신에게 묻는다. 왜 늦게까지 잠을 자지 않고 앉아서 철로를 이탈한 전차의 도덕적 딜레마에 대해 고민하지?

"윤리과목에 관한 보고서를 잘 쓰려고.."

"왜 잘 써야 하는데?"

"학점을 잘 받으려고."

"왜 학점을 잘 받으려고 하지?"

"보다 좋은 학점을 받아 투자금융 쪽에 일자리를 얻으려고."

"왜 투자금융에서 일자리를 얻으려고 하지?"

"헤지펀드 매니저가 되려고."

"왜 하필 헤지펀드 매니저야?"

"돈을 많이 벌기 위해서."

"돈은 많이 벌어서 뭐하게?"

"내가 좋아하는 바다가재를 자주 먹으려고. 어쨌거나 나는 지각 있는 동물이거든. 그래서 밤늦게까지 철로를 이탈한 전차를 고민하는거야!"

– 마이클 샌델의 정의란 무엇인가 – 중에서

이는 타율적 결정이라고 부를 수 있는 사례이다. 즉 이것을 위해, 저것을 위해, 이런 저런 것들을 위해 행위를 결정하는 것이다. 타율적으로 행동한다는 것은 외적인 목적에 따라 행동한다는 것을 의미한다. 이 경우 그 행위의 주체는 내부의 목적이 아닌 그가 추구하는 목표와 연관되어 있다는 점에서 수단이 된다. 그런데 칸트가 말하는 '자율'은 이와 상반된다. 그에 따른 자율적인 행위란 자신에게 부여한 법칙에 의거하여 행동하는 것으로 그 행위 자체가 목적이 된다는 것을

149

의미한다. 이 경우 우리의 행위는 외부에 의해 주어진 목적의 수단이 되지 않는다. 말하자면 그 행위가 하나의 도구는 되지 않는다는 것을 의미한다. 자율적으로 행동하는 능력으로 인해 인간의 삶은 특별한 지위를 갖게 되고 그 자체로 존엄성을 지니게 된다. 자율적 행위자로서의 인간은 곧 여타의 생명체와는 차별성을 지니는 것은 바로 여기에 있는 것이다.

칸트에 따르면, 인간의 존엄성을 존중한다는 것은 인간을 수단이 아닌 목적으로 대우한다는 것을 뜻한다. 이 경우 결과주의적 견해인 공리주의에 따를 경우 인간을 공동체 전체의 행복을 극대화하는 수단으로 삼을 수 있다는 점에서 인간을 수단으로 삼을 소지가 얼마든지 있기 때문에 동기주의적 견해에 비추어 볼 경우 그른 것이다. 말하자면 마이클 센델(M. Sandal)의 사례에서 브레이크가 망가진 열차가 철로 위를 달리고 있고 500미터 앞에서 일하고 있는 5명의 인부를 살리기 위해 내가 200미터 앞의 덩치 큰 사람을 밀어 떨어뜨려 철로를 막음으로써 일하는 인부를 살리는 행위는 결과주의적 관점에서는 옳은 행위일지는 몰라도 동기주의적 견해에서는 그를 수단으로 삼는다는 점에서 그른 행위임에 분명하다. 이는 곧 그 사람을 수단으로 이용하는 것이지, 목적 그 자체로 대하는 것은 아니기 때문이다.

물론 공리주의자들도 그 남자를 밀어서는 안 된다고 말할 것이다. 하지만 그 이유는 결과적으로 이익의 감소로 인한 부차적 효과에 대한 염려 때문이다. 말하자면 자신의 이익을 궁극적으로 감소시킬 수 있는 가능성 때문이다. 하지만 칸트에 따르면 그러한 공리주의에 따른 관점이 남자를 밀지 않는 이유로는 부적절하다고 주장할 것이다. 여전히 희생자가 될 사람에 대해 도구에 불과한 존재로 여긴다는 점에서 타인의 행복을 위한 수단으로 간주되기 때문이다. 이 경우 그 사람의 생존 여부는 자신의 목적을 위해서라기보다는 타인들의 이익을 극대화하기 위한 수단이기 때문이다. 칸트는 『도덕 형이상학의 기초』에서 타인에 대한 도덕적 행위는 타인을 자신의 부나 명예를 위한 '수단'으로 이용하는 것이 아닌, 그들에 대한 존경에 있다고 주장하고 있다.

3. 성공과 실패의 가치론

　　유아 시절의 실수를 자기 가치와 동일시하는 그릇된 상황을 쉽게 받아들이는 경우가 있다. 그 때문에 두각을 나타내지 못하는 행동은 아예 기피하기도 한다. 이 보다 더 심각한 것은 자기 비하, 타인의 눈치를 살피는 태도, 자책감 그리고 자기 부정에 수반되는 일련의 행위를 수용하는 경우이다. 이와 관련하여 자신의 가치가 일의 성공 여부에 달려 있다고 생각하는 사람의 경우 그 자신은 무가치한 존재라고 여길 수 있다는 점이다. 에디슨의 경우를 생각해 볼 때 그가 첫 번째 실험에서 실패한 후 그 실패를 가지고 자신의 가치를 반영해 내지 못했다면 자신을 실패자로 규정하고 인류에 공헌할 수 있는 가능성이 사라져버릴 수 있다. 실패가 때로는 성공의 밑거름이 될 수 있다는 점에서 역으로 성공은 상당 부분 실패를 기반으로 한다. 다시 말해 실패를 통해 새로운 가능성에 대한 노력과 타진을 지속적으로 수행할 수 있기 때문이다.

　　또한 성취에 대한 강박관념을 갖고 있는 사람은 '자유로워지기' 위해 '떠나기'는 어렵다. 실패에 대한 두려움은 새로운 가능성 자체를 차단해버릴 수 있다는 점에서 사회적으로 매우 위협적이다. 그러한 두려움은 대부분 어린 시절에 형성되어 전 생애에 걸쳐 지대한 영향을 미치게 된다. 사실상 실패는 상대적인 개념이다. 그렇다면 성공이 실패를 전제하는 것인 반면, 실패 역시 성공을 전제한다고 할 수 있다. 그래서 실패는 본질적으로 성공을 전제했을 경우에만 성립한다는 점에서 실패 그 자체만은 존재하지 않는다. 성공과 실패의 상대성이 갖는 본질적인 의미는 성공 혹은 실패 그 자체로는 존재하지 않는다는 의미를 함축한다. 말하자면 실패는 특정 행위에 대한 아쉬움을 동반하기 때문에 개인적인 차이에 따른 의견일 따름이다. 주관적인 관점에 따른 믿음이 적용될 경우 실패가 적용될 수도 그렇지 않을 수도 있다. 일반적으로 자신의 기준에 비추어 실패라는 낱말을 적용하기도 하지만, 여기에서 중요한 것은 그러한 평가를 자신의 가치와 동일시해서는 안 된다는 점이다. 왜냐하면 어떤 일에 성공하지 못했다고 여기는 것이 곧장 인간으로서 실패한 것이 아니기 때문이다. 다만 특정한 시점에 바라는 목표를 달성하지 못했을 따름이다. 자기 자신에 대한 확고한 믿음이 그 바탕에 놓여 있다면 실패는 있을 수 없다.

우리는 새로운 관점에 따라 자신을 바라볼 수 있다. 지속적으로 새로운 경험을 통해 자기 자신을 노출시키는 것은 불안의 근원이 되기도 하지만 익숙한 상황에서 벗어날 수 있는 도약의 발판이 된다는 점에서 창의성의 원천이 될 수 있다. 스스로가 유약하기 때문에 낯선 영역에 대한 진입이 실패의 근거가 될 것이라고 여길 수도 있겠지만 이는 '잘못된 믿음'에서 비롯된 것이다. 말하자면 새로운 영역으로의 진입이 실패의 원인이라기보다는 그릇된 믿음에서 비롯된 것이기 때문이다. 우리는 얼마든지 그러한 믿음을 가질 수 있다. 하지만 실패나 오류라고 여기는 그릇된 믿음으로부터 벗어날 수 있는 것은 믿음의 변화에서 비롯될 것이다. 물론 불행을 꿈꾸는 사람은 아무도 없을 것이다. 성공적인 삶을 위해서는 객관적인 차원에서 접근하기보다는 주관적인 차원에 접근하는 것이 그래서 무엇보다 중요하다. 쇼펜하우어는『인생론』에서 행복에 대해 다음과 같이 정의하고 있다.

> "사실 인간의 행복에 있어서, 아니 인간의 모든 생활에 있어서 가장 긴요한 면은, 분명히 자기 자신 속에 깃들어 있으며, 그 속에서 비롯되는 것이다. 인간의 참된 행복이나 불행은 결국 자신의 감수성과 의욕과 사고 등의 종합적인 결과이며, 외부에서 일어나는 모든 사항은 단지 사소하고 간접적인 영향을 미칠 따름이다."

쇼펜하우어가 지적하고 있듯이 인생의 행복한 삶, 즉 성공한 삶의 근거가 자기 자신이 가지고 있는 정서적 만족감에 있다는 것을 알 수 있다. 이는 자신에게 주어지는 외부 세계에 대한 정보를 어떻게 받아들이느냐에 관한 문제라는 점을 지적하고 있는 셈이다. 이는 행복이나 불행이라는 것이 자신에게서 비롯되는 것이지 결코 외적인 것에 의해서 주어지는 것이 아님을 분명히 하고 있다. 그래서 쇼펜하우어에 따르면 재물이란 단지 생활의 욕구를 충족시켜 주는 것에 불과하며, 참된 행복에는 그리 영향을 미치지 못하므로, 너무 많은 재물을 소유함에 따라 발생하는 여러 가지 걱정으로 인해 오히려 인간의 진정한 내면적 행복을 무너뜨리게 된다고 했으며 재물이 많건 적건 개의치 않고 태연할 수 있을 때 비로소 우리는 만족스러운 생활을 할 수 있다는 것이다. 그렇기 때문에 물질적 성공 자체가 참된 성공이 될 수는 없다. 또한 사회적 성공에서 명예나, 명성, 존경을 얻는 것도 물론 성공이기는 하지만, 이는 개인적 성공요소인 자신이 아닌 제3자에 의해 그 판단이 이루어지게 된다.

4. 행복 추구에의 성향

　　행복에 대한 추구는 인간의 본성 가운데 하나일 것이다. 그러한 본성 가운데 하나인 행복에 대한 '추구'가 행복의 '성취'를 의미하는 것은 아니다. 즉, 행복을 추구하는 일종의 그러한 '성향'을 지닌 존재로 이해할 수 있다. 그렇다면 행복 추구에의 성향을 지닌다는 것은 무엇을 의미하는 것일까? 칸트에 따르면 '성향'이란 "인간성에 대하여 전적으로 우연적인 경향성을 가능하게 하는 주관적 근거"를 말한다. 다시 말해 성향이란 대상을 경험(표상)하기 이전에 선행하는 어떤 욕망 생성에 대한 주관적 가능성을 말하는데, 이는 인간이 대상을 경험하면서 습관적으로 그것에 대한 욕망을 좇는 경향성의 발생 근거가 된다.

　　행복 추구에 대한 성향은 인간에게 타고난 본성 가운데 하나로 앞으로 발생하게 될 경향성의 방향과 관련하여 미리 정해져 있지 않다. 오히려 어떤 경향성이 생성될 것인지는 전적으로 각자가 그 주관적 근거가 되는 성향을 어떻게 규정해나가느냐에 달려있을 따름이다. 그래서 칸트에 따르면 행복추구에 대한 성향은 그것이 긍정적이든 부정적이든 "자유로운 선택의지의 규정으로서만 가능"하다고 한다. 이는 무엇보다도 타고난 소질과는 달리 성향이 우리의 자유의지(free will)와 보다 직접적인 관련성을 갖는 것으로 이해할 수 있다.

　　다시 말해서, 모든 인간에게 보편적으로 타고난 행복 추구에의 성향은 열린 구조를 갖는다고 할 수 있다. 왜냐하면 인간의 가능성을 규정하는 소질이 지시하고 있는 실천적 목적의 실현여부는 각자의 자유로운 의지에 달려있기 때문이다. 결국 행복 추구에 대한 인간의 성향이 자유의지와 보다 직접적으로 관계된다는 점에서 소질은 오로지

성향의 매개를 통해서 자유와 관계한다고 할 수 있다. 그래서 인간의 '소질'이 주어진 인간의 의욕 능력에 상응하는 행위의 실천적 목적이라는 보편적 구조로 표상될 수 있는 것과는 달리, 특정한 성향은 자유의지에 따른 행위와 결부되어 있으므로 그것의 구조는 결국 자유로운 선택에 따른 결과라는 점이다.

자유의지와 보다 직접적인 관계를 맺음으로써 갖게 되는 성향의 구조는 결코 임의적이지가 않다. 앞에서 선(善)에의 소질에 관한 논의에서 보았듯이, 인간은 누구나가 예외 없이 행위와 관련한 의지의 동기로서 자기애와 도덕 법칙에의 존중을 가지게 되며 양자 중 어느 것도 배제할 수 없다. 문제는 선택의지가 양자 사이의 관계를 어떤 질서 속에 규정하는가에 달려있다. 양자의 관계에서 도덕법칙의 존중이라는 동기가 언제나 우선성을 확보한다면 도덕적 선이라는 측면에서 행복이 획득되지만, 그렇지 못할 경우에는 부도덕한 측면에서 불행이 초래된다. 그렇다면 불행에 대한 성향 역시 자유로운 선택의지와 깊은 관계를 갖는 것으로 이해할 수 있다. 왜냐하면 보편적 인간의 가능성을 구성하는 선에의 소질에 따르면, 인간은 행위의 기본적인 동기로서 자기애와 도덕법칙에의 존중을 가지는데, 행복과 불행의 도덕적 평가는 이들 중 어떤 것을 최상의 준칙으로 채택하는가하는 자유로운 선택에 달려있기 때문이다.

5. 진정한 행복의 조건

우리의 행위는 사고를 통해 유발된다. 그렇다면 우리의 사고에 영향을 주고, 그러한 믿음을 형성하는 원천은 무엇인가? 우리는 선천적으로 타고난 능력과 아울러 외부 세계에 대한 정보를 받아들여 관념이 형성된다. 이러한 관념이 곧 믿음을 형성하는 일차적인 요건이 되는 것이다. 통상 우리 주변을 둘러싸고 있는 사람들로부터 특정한 사람의 개인적인 의견을 받아들이거나 지금도 여전히 받아들이고 있다. 물론 초기 단계에서 이런 의견들이 우리에게 아무런 효과를 미치지 않을 수도 있다. 그런데 우리가 어떤 의견에 대해 의식하기 시작하게 되는 바로 그 순간부터 '공감의 법칙'이 작용하게 된다. 즉 우리가 주의를 갖게 되는 바로 그 대상이 우리의 인생에서 중요한 의미를 갖게 되는 것이다. 우리가 어떤 사람의 의견을 청취한 뒤 또 다른 사람의 입에서 같은 의견을 듣게 된다면 바로 그 순간부터 우리의 뇌에 반복해서 저장되고 이로써 중요성을 확보하게 되는 것이다. 그렇게 하여 습득된 외부 세계에 대한 정보는 우리의 믿음을 형성하고 이에 따라 행동하게 되는 것이다.

자신의 믿음에 따라, 자신이 원하는 목표를 이루는 것은 곧 자기만족과도 상통하는 것이라고 여길 수 있다. 여기서의 자기만족은 자만이 아닌 자기 자신의 정당한 노력과 성취에 대한 보답일 것이다. 물론 여기에는 도덕적이고도 합법적인 수단을 전제로 한다. 그리고 이를 올바르게 판단하기 위해서는 현재 자신의 위치에 대한 정확한 인식이 선행되어야한다. 현재 자신의 상황에 대한 정확한 인식이 선행되지 않는다면, 이는 곧 자만으로 이어지게 될 것이기 때문이다. 따라서 자기만족은 자신의 상황에 대한 정확한 인식을 전제로 하여 목표를 달성하기 위한 노력으로 이어져야만 한다.

행복 실현에 있어 무엇보다 중요한 것은 그에 대한 개인의 감정 상태보다는 스스로의 선택에 따른 의지가 있느냐의 여부에 달려 있다. 이는 현실적인 측면에서 실존적인 결단이 요구되기도 한다. 여기에서 중요한 것은 행복을 선택할 수 있는 의지와 함께 자신의 내적 능력에 달려 있다. 보다 쉽게 받아들인다면 일상의 갖가지 상황에서 자기 파괴적인 행동보다는 자기 성취적인 행동을 선택하는 것도 스스로 마음먹기에 달려있다.

　　나는 행복이란 자유가 없이는 느낄 수 없는 것이라고 믿고 있다. 경제능력, 사랑, 도전, 실패, 좌절감, 극복, 용기, 희망 이 모든 것들은 마음으로 부터의 자유가 없다면 결코 느낄 수 없다고 생각한다. 그러기에 무슨 일을 해도 즐거워하며, 불평하거나 이미 지난 일에 매달리며 허송세월하지 않는다. 인생의 자유를 아는 사람은 열의에 차 있으며, 삶에서 최선의 것을 구하려 애쓴다. 또한 자유를 사랑하는 사람은 여행, 영화, 책, 스포츠, 콘서트, 도시, 농장, 산, 등 거의 모든 것을 즐긴다. 기운 없이 한숨짓는 일은 없다. 그것은 곧 삶에 애정에서 비롯되는 것이다. 주어진 조건과 상황이 어떤 것이든 있는 그대로 대처할 수 있는 여유는 근원적 행복감에서 비롯되는 것은 아닐지?

1) 일상적인 삶에서 우리는 더 좋은 것을 입
   고 싶어 하고, 더 좋은 곳에서 살고 싶어
   하며, 자식에게는 최상의 교육을 시키고
   싶어 한다. IMF 때만 보더라도 그렇다. 물
   질로 인해 나라가 파산 위기에 몰리고, 한
   가정이 파괴되고, 궁핍으로 인해 한 아이
   의 엄마가 아이를 안고 아파트에서 뛰어
   내리는 사건이 흔하게 일어나지 않았던
   가! 행복의 기본이 되는 가정의 행복도 물
   질의 힘 앞에서 마구 흔들렸던 때가 얼마
   전에 우리들에게도 있었다. 언젠가 내가
   일본 여행을 했을 때, 방송마다 대대적으
   로 보도 되던 사건이 기억이 난다. 당시 세
   계의 경제권을 쥐고 있는 일본에서 한 택
   시 기사의 아사 사건이 보도 되었다. 아사
   직전 마지막힘을 다해 쓴 유서에는 "흰 쌀
   밥으로 만든 주먹밥이 먹고 싶다." 라는
   문구였다. 더 나은 것을 추구하는 삶도 있지
   만, 또 다른 빈곤의 속에서 행복을 추구하
   기도 전에 비참이도 목숨을 앗아가 버리는
   경우도 있다.

행복에 대한 인문학적
담론

홍병선

행복에 대한 인문학적 담론

홍병선

1. 행복에 대한 담론

　　'행복'에 대한 인문학적 담론은 아리스토텔레스의 사유에서 시작하여 공리주의, 실존주의에 이르기까지 항상 인간 존재의 근본적 질문과 연관되어 왔다. 하지만 일관된 행복에 관한 개념을 제시하고 정리하기란 인간 존재 자체를 정의하는 것만큼이나 방대하고 체계화하기 어려운 작업이다. 하지만 여타의 인간 감정과 관련된 개념들과는 달리 '행복'은 인간 존재와 삶의 의미와 관련되어 있기에 철학자들의 끊임없는 관심의 대상이 되어왔다. 인류가 존속하는 한, 행복에 대한 논의는 끊이지 않을 것이다. 어찌 보면 행복이란 인간이 절대 달성할 수 없는 완전한 상태라는 점을 염두에 둔다면 실현 불가능해 보일 수도 있다. 그런 점에서 아리스토텔레스의 말대로 행복이란 부를 소유한 상태도, 권력을 소유한 상태도, 건강한 상태도, 비록 그것들이 행복을 위한 외적인 조건이 될 수 있을지는 몰라도 그 자체로 행복은 아닌 것이다. 행복은 인간이 자신의 본성을 실현하기 위한 지속적인 정신의 활동성인 것이다.

신화시대의 사람들은 행복을 천국에서의 삶으로 이해하였다. 그들은 자신들이 어떤 이유로 그곳을 떠나왔고, 그 이유가 소멸되면 되돌아가야 할 고향으로서 천국을 상정하였다. 그리고 그 곳에서의 삶의 방식을 행복이라고 여겨왔다. 물질적으로 부족한 것도 정신적으로 걱정도 없는 천국, 그러한 삶이 신화시대 사람들의 행복에 대한 주된 내용이었다. 이러한 행복관의 특징은 현대의 종교적 교리에서나 그 밖의 신화적 전통을 따르는 문학 작품들 속에 주로 이상향이나 유토피아로 등장하고 있다. 이미 고대 그리스의 아리스토텔레스(Aristotle)가 지적하였듯이, 행복은 삶의 수단이 아닌 궁극적인 목적으로서의 삶의 지침(목적)이었다. 또한 에피쿠로스(Epicurus)는 행복 즉 최고선을 쾌락이라고 주장하면서, 쾌락을 육체적 고통이나 영혼의 문제가 없는 상태로 정의한 바 있다. 그는 쾌락이 현세에서 인간이 추구해야할 목표이기는 하지만 이성에 의해서 합리적으로 추구되어야 한다고 지적하였다.[1] 결국 이전의 신화적 행복과 이성적 행복 간의 괴리감은 많은 문학과 철학의 모티브가 되었으며 그것들을 기반으로 고대인의 삶과 행동의 목표는 이전과는 다른 방향을 지향하게 되었다.

행복에 대한 인문학적 접근은 근대에 이르기까지 그 전통이 이어진다. 인간의 행복에 대한 연구는 계속되었고 행복을 극대화하려는 이론적 근거를 마련하는 노력들이 진행되었다. 그리고 서구가 그리스-로마적인 전통을 부활시킨 르네상스를 거쳐 계몽주의에 이르렀을 때, 행복에 대한 근대적 이해는 절대 이성이나 절대자와의 일치감을 떠나

에피쿠로스적이거나 신화적 쾌락주의, 즉 육체적 고통이나 영혼에 문제가 없는 상태로 환원되었다. 게다가 이러한 쾌락은 선택 받은 소수가 아니라 모든 사람들이 누려야 할 것으로 이해되었다. 모든 남자와 여자들이 천국이나 내세가 아닌 현세에서 행복할 수 있고 행복해야만 한다는 생각을 가지게 되었다. 이러한 행복의 가능성과 행복의 당위성은 근대에 접어들면서 자기이해의 중요한 부분이 되었다. 또한 행복이 이처럼 사회적 차원으로 논의됨으로써 행복은 그 내용적 측면에 있어서도 변화를 겪게 되는데, 그것이 바로 행복의 물질화이다. 사회 정치적으로 인간의 행복을 보장하는 방법은 무엇이었을까? 그것은 물질적 풍요였다. 왜냐하면 정치적 행위란 객관적 행위에 근거하지만, 개인의 행복은 주관적이라는 점에서 주관적 행복을 영위할 수 있는 객관적 조건은 바로 물질적 풍요에서 비롯되기 때문이다.

이렇게 물질화로 인해 계량 가능하게 된 행복에 관한 이해는 모든 사람의 평등한 행복을 약속하였지만 실제로 그것이 실현된 모습은 행복의 서열화였다. 각각의 개인에게 고유한 주관적 행복은 이제 더 이상 행복이기 보다는 만인에게 보편적인 객관적 행복, 즉 물질 만족의 행복이라 할 수 있다. 이것은 우리 현대인들로 하여금 자신의 행복을 자신보다 더 행복한 사람들의 행복과 비교함으로써 끊임없는 불행의식에 빠져들게 만들었다. 그리고 이러한 불행의식에서 벗어나기 위하여 사람들은 무한경쟁에 뛰어들게 된다. 행복해야할 지금의 우리가 처해 있는 상황은 오직 불행한 무한 경쟁일 뿐이다. 이것은 현대인에게 많은 인간 정체성의 문제와 윤리적인 문제를 야기하였고, 인문학의 본연의 임무였던 행복에 대한 관심이 무관심과 정체로 이어지게 된다. 더욱이 이러한 무한경쟁의 도래는 어쩌면 이제까지의 행복에 관한 경제학적 이해가 더 이상 현실에 적합하지 않다는 것을 보여주는 것이기도 하다. 오늘날 현대인에게 행복에 대한 일반적인 견해는 개인, 개성에 따라 가치관의 차이가 존재하므로, 어디까지나 각 개인들의 주관적인 가치관에 따라 만족감이 성취된 심리상태로만 이해되고 있다. 역설적으로 오늘날 인문학적인 논의들 속에서 행복에 관한 담론을 찾기란 그리 쉽지 않다.

앞에서 언급했듯이 고대 그리스와 근대에 이르기까지 행복은 결코 인문학의 주변 문제만은 아니었으며 오히려 그 중심에 놓인 핵심적인 문제였다.[2] 그럼에도 불구하고 우리가 고대와 근대의 철학자들과 문학자들이 행복에 대해 심사숙고하지 않는 까닭은, 시대가 변하고 그에 따른 이해의 척도도 변하여, 행복이 내적인 노력에 의해서만 성취될 수 있는 것이라기보다는 어떤 외적인 것에 의하여 자동적으로 주어지는 타고난 권리라고 생각하기 때문이다. 하지만 이제까지 잘 작동되어 왔던 행복에 대한 이러한 이해가 최근에 이르러 별로 그 효과를 보지 못하고 있다. 더욱 행복해질 것이라는 예상은 빗나가고 있으며, 오히려 행복 속에서의 불행이라는 역설적 현상이 나타나고 있다.

2. 행복에 대한 주관적 의미와 객관적 의미

부나 명예, 권력, 학력과 같은 비교적 객관적이고 외향적인 요건들을 모두 합친다고 해도 행복해지는데 거의 15%를 넘어서지 않는다는 연구 결과가 있다. 이는 객관적 조건을 갖추었다고 해서 행복도 이에 비례하여 증가하지는 않는다는 것을 보여주는 것과 함께 평균 또는 평균 이하의 사회적 지위와 소득을 갖고 있는 사람들에게는 위안이 될 수도 있는 결과이기도 하다. 행복에 대한 객관적인 조건과 관련하여 10년 이상 세계 부호 1위를 고수하는 빌게이츠와 미국에서 가장 영향력 있는 경제인 중의 한 사람인 워렌 버핏의 인터뷰에서 몇 가지 흥미로운 사실을 발견할 수 있다. 성공의 정의에 대해 물었을 때 빌게이츠는 다음과 같이 답변하고 있다.

> "여러분이 좋아하는 일을 선택하세요. 그러면 성공은 자연히 따라오게 됩니다. 아니, 여러분은 결코 성공을 비켜갈 수 없을 겁니다. 저의 일이 세상에서 가장 중요한 일이라고는 생각하지 않습니다. 하지만 제게 맞는 일인 것만큼은 틀림없습니다."[3]

명문대학을 박차고 나올 정도로 적성과 미래에 대한 확신을 가졌던 그는 여지없이 '즐기면서 할 수 있는 일'을 찾을 것에 대해 조언하고 있다. 같은 질문을 받은 워렌 버핏 역시 다음과 같이 답변하고 있다.

> "성공이 행복이라면 분명히 정의할 수 있습니다. 제가 바로 그 표본이거든요. 전 일 년 내내 좋아하는 일만 합니다. 좋아하는 일을 좋아하는 사람들과 함께 할 뿐, 제 속을 뒤집어놓는 사람들과는 관계할 필요조차 없지요. (중략) 저는 가벼운 발걸음으로 일터에 나가 열심히 일하다가, 가끔씩 의자에 등을 기댄 채 천장을 바라보며 그림을 그리곤 합니다. 이것이 제가 행복을 느끼는 방식입니다. 재미있지 않나요?"[4]

그들의 답변은 결코 새롭거나 거창한 정의를 내놓고 있지는 않다. 그러나 성공과 행복에 대한 대답으로 자신의 일과 일터에서의 최고 상사라는 위치에서 답변하고 있다는 것을 알 수 있다. 그들은 엄연히 회사의 CEO들로서 그들이 하는 일을 통해 막대한 자본을 벌어들이고 있으며 직업에 대한 접근 방법과 일하는 행위가 곧 자신의 성공이요, 행복인 것 같다고 답변하고 있다.

주관적 행복의 중요성을 보여주는 사례로, 통계적으로 복권에 당첨되었던 이들의 80%가 자신이 불행해졌다고 답변했다고 한다. 불행이 곧 행복의 반의어는 아니지만 일확천금을 얻게 된 그들은 객관적으로 응당 성공과 행복을 맛보아야 할 사람들인데 그렇지 못하다니 아이러니가 아닐 수 없다.[5] 러셀에 따르면 행복은 보람이라고 말하고 있으며, 동양의 달라이 라마는 '욕망을 모두 채우는 것이 행복이 아니라, 진정한 행복을 위해 나의 욕망을 절제할 줄 아는 것이 진정한 행복에 이르는 길'이라고 한다.

이처럼 철학자나 사상가들도 저마다 다른 정의를 내리고 있으며 객관적 행복이 타인의 판단 하에 명명할 수 있는 것이라면, 주관적 행복은 그 잣대가 개인의 기준에 따라 판단되며, 다시 말해 돈과 지위 보다는 영향력과 성취도에 더 큰 비중을 두고 있다.

그런데 아래 [도표1]이 우리에게 말해주는 것은 오늘날 사람들이 행복을 좌우하는 가장 결정적인 요소가 경제적 수입이라는 사실이다. 아리스토텔레스가 행복을 "탁월성에 따르는 영혼의 활동"으로 들고 있는 것과는 매우 대비되는 결과다. 하지만 이 도표가 동시에 말해주고 있는 것은 이러한 견해가 일인당 국민소득 2만 달러 정도를 분기점으로 잘 맞지 않기 시작한다는 사실이다. 도표의 좌측에 나열된 국가들은 수입과 행복의 비례관계를 보여주고 있지만, 우측의 국가들은 이러한 비례 관계의 해체를 보여주고 있다. 이것은 일견 행복지수의 상승이 수입의 상승과 비례함을 보여주지만 더욱더 향상된 경제적

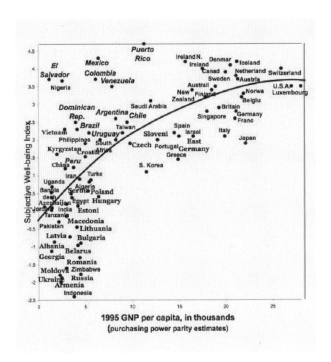

부의 상태는 결코 삶에 대한 만족을 추가적으로 보장해 주지 않는다. 또한 이 표에서 읽어낼 수 있는 보다 중요한 것은 현재 우리나라가 이러한 분기점 근처에 위치하고 있다는 사실이다.

여기에서 '행복 지수'에 대해 생각해 볼 필요가 있다. 자신이 얼마나 행복한지를 스스로 측정하는 지수로서, 영국의 심리학자 로스웰(Rothwell)과 인생 상담사 코언(Cohen)이 만들어 2002년 발표한 행복공식을 말한다.[6] 영국 싱크탱크 재단이 2006년 조사한 세계 국가별 행복지수의 통계에서 바누아투라는 남서 태평양에 있는 작은 섬나라가 1위로 뽑혔다. 이 조사에 사용된 지표로는 삶의 만족도, 평균 수명, 생존에 필요한 면적, 에너지 소비량 등이 있었다. 전 세계 178개국을 대상으로 연구한 결과인데 바누아투의 국내 총생산량은 전 세계 233

개 국가 중 207위에 불과하다. 삶의 질이 소득이나 소비 수준과 관계 없다는 것을 보여주는 단적인 사례이다. 연기 나는 굴뚝이라곤 전력 회사밖에 없는 바누아투는 청정국가이자 기름진 화산섬 특유의 토양과 넉넉한 강우량 덕분에 음식 걱정이 없다. 식량 자급이 쉽고 부족의 성인식 행사로 통나무에 밧줄로 묶고 뛰어내렸던 것이 현대 번지점프의 시초가 된 만큼 자연을 만끽할 수 있는 여유가 일종의 국민성이 된 것은 아닌지 추정해 볼 수 있다.

　　로스웰의 행복지수가 발표되기 이전인 1998년에도 런던정경대학에서 세계 54개국을 대상으로 조사한 국가별 행복지수도 있었는데 세계 최빈국에 속하는 방글라데시가 국민들이 느끼는 행복도가 가장 높은 것으로 조사됐다. 2위와 3위 또한 극빈국인 아제르바이잔과 나이지리아가 차지했고 미국과 일본 같은 선진국들은 모두 40위권 밖에 머물렀다. 그렇다면 왜 선진국이 아닌 이런 극빈국들의 행복지수가 높은 것일까? 이 대학의 경제학자 리처드 레이야드는 "사람들은 다른 사람들과의 비교를 통해 부를 느낀다면서 국가 전체적으로 소득이 늘어나면 개인의 상대적인 위상 변화는 생기지 않는다."고 말하였다.[7] 방글라데시의 경우, 바누아투와 마찬가지로 경제적으로는 세계에서 손꼽히는 빈국이지만, 자신의 종교에 의지하면서 자그마한 것에 만족을 하고 행복을 느낀다. 방글라데시에서는 국민의 90%가 무슬림 신자들이다. 무슬림 신자들이 자주 말하는 어구에는 "인샬라 알라"라는 말이 있는데 무슨 일이 일어나더라도 모두 '신의 덕이고 신의 탓이다'라는 뜻이다. 매년 겪는 극심한 홍수도, 가난도 쉽게 받아들이고 주어진 처지에 만족하려는 습성이 행복지수에 그대로 반영된 것으로 보인다.

　　그러나 이러한 주관적 행복지수가 물론 행복의 절대적인 기준이 될 수는 없다. 이 조사에는 '상대성'을 고려하지 않았다는 맹점이 있다. 다른 세계와 비교하지 않았다는 전제하에만 가능하다는 뜻이다. 무슬림 신도만큼이나 압도적인 수치인 인구의 93%가 이 국가의 극빈층인 점을 감안한다면 중산층의 개념은 거의 적용되지 않는다고 할 수 있다. 이는 선진국들과는 구별되는 통계이다. 선진 문물을 경험해 본 방글라데시인의 경우라면 자국 안에서 행복지수가 높다고 체감하기는 어려울 것이고, 선진사회의 국민이라면 아열대성 기후에 심한 홍수, 태풍 피해를 앓는 방글라데시에 방문한다고 하여 그의 행복지수가 갑자기 올라가지는 않을 것이다. 가난한 나라에서 행복한 국민으로 사는가, 아니면 불만족한 채로 선진 국가의 국민으로 사는 게 바람직할 것인가 하는 문제가 아닐까? 자연과 선진 문물의 혜택을 적당히 갖춘 나라에서 적당히 만족하며 살 수 있다면 좋겠지만, 인간의 태생과 만족도가 개인의 주관에 따라 적용되기는 어려울 듯하다.

3. 행복에 대한 인문학적 접근

'행복'의 문제는 플라톤과 아리스토텔레스의 사유에서 시작하여 공리주의, 실존주의에 이르기 까지 항상 인간 존재의 근본적 질문과 연관되어 왔다. '사랑', '기쁨' 같은 가치 개념들과 마찬가지로 철학의 영역에서 '행복'의 개념들이 제시되었는데, 아리스토텔레스의 사례에서 볼 수 있듯이 '행복'은 한 철학자의 사고 체계 속에서도 모순적인 개념으로서 다가오기도 한다. 그래서 일관된 행복에 관한 개념을 제시하고 정리하기란 인간 존재 자체를 정의하는 것만큼이나 방대하고 체계화하기 어려운 작업이다. 하지만 여타의 인간 감정과 관련된 개념들과는 달리 '행복'은 인간 존재와 삶의 의미와 관련되어 있기에 철학자들의 끊임없는 관심의 대상이 되어왔다.

　물론 '행복'의 문제는 단순한 철학적 사유의 영역을 벗어나, 문화인류학, 심리학이나 심지어 사회학, 정치학, 경제학, 의학 같은 비인문학적 영역에서도 중요하게 다루어진다. 삶의 의미 또는 목적, 그리고 과정에서 나타나는 '행복'의 개념들의 다양성은 역설적으로 그 개념들이 다양한 영역에서 인간과 인간의 삶을 이해하는 데에서 중요한 위치를 점하고 있음을 반증한다. 그렇다면 행복에 대한 인문학적 담론을 위해 구체적인 사례들을 통해 접근할 필요가 있다.

　쇼펜하우어는 『행복론』에서 사람은 기본적으로 네 가지를 갖추어야 행복하다고 했다. 명랑한 정서,[8] 건강, 정신적 평온, 약간의 재산이 그것이다. 명랑한 정서, 정신적 평온 이 둘 모두 '정신적 건강함'의 범주에 들어가며 재산은 '약간'이면 된다는 것이다. 그런데 자기의 이성에 따라 행동하고 그 이성을 가꾸고 자라게 하는 사람은 최상의 정신 상태에 있으며 또한 신에게 가장 사랑받는 사람이라는 것이다. 만일 사람들이 생각하고 있는 바와 같이 신들이 인간의 여러 가지 일을 조금이라도 살펴준다면, 가장 좋은 그리고 가장 그들을 닮은 것(즉, 이성)을 그들이 기뻐하고 이것을 가장 사랑하고 소중히 여기는 사람에게 보답해 주는 것은 당연한 일이다.[9]

　행복을 가져다준다고 주장하는 모든 종류의 만병통치약은 두 가지 비슷한 가정을 하고 있는데, 개인의 행복은 증대될 수 있다는 것과 그 스스로 행복을 증대시키기를 원한다는 것이다. 그러나 행복을 가져다준다는 다양한 주장들이 실제 그럴 수 있으며 행복은 계획적으로 조작될 수 있고, 또한 그 결과를 측정할 수 있다는 증거는 많다. 가장 많이 연구된 비약물 조작은 다양한 형태의 심리치료법이다.[10] 이

외에도 명상과 같은 수련이 긍정적인 효과가 있다는 증거도 지속적으로 보고되고 있다.

물론 행복은 하나의 편향된 상태에 속한 문제는 아닐 것이다. 만일 그렇다고 한다면 행복은 식물인간의 상태에 있는 사람에게도, 큰 비운을 당한 사람에게도 속해야 마땅할 것이다. 하지만 그렇지는 않아 보인다. 그렇다면 행복이 갖는 본질적인 속성은 무엇인가 하는 점이다. 말하자면 행복의 핵심적인 속성으로 반드시 포함되어야 할 것은 어느 누구에게나 적용 가능한 그러한 속성을 지녀야 한다는 점이다. 그런 점에서 행복이 갖는 속성으로 자기 목적적이며 그 어떠한 것도 결여되어 있지 않은 상태로서의'자족성'을 들 수 있을 것이다.[11] 이에 대한 철학적 근거에 대해서는 다음 장에서 구체적으로 다룰 것이다.

21세기에 들어와 보편적으로 많이 사용되는 용어 가운데 하나가 바로 웰빙(Well-being)이라는 단어일 것이다. 현대 사회의 구조상 물질적 부를 추구하는 시스템이 전반적으로 지배하고 있는 점을 감안했을 때, 대부분의 사람들이 물질적 부의 축적에 많은 비중을 두는 것이 사실이다. 그런 점에서 물질적 부에 비해 정신 건강을 경시하는 경향이 지배적이다. 이는 심한 경우 정신적 공황으로까지 진전되기도 한다. 물론 과거에도 다양한 형태의 육체적·정신적 삶의 유기적 조화를 추구하는 움직임이 있기는 했지만, 이러한 움직임이 우리의 문화 속에 웰빙이라는 이름으로 자리 잡기 시작한 것은 최근의 일이다.

웰빙을 추구하는 사람들은 육체적으로 질병이 없는 건강한 상태뿐 아니라, 직장이나 공동체에서 느끼는 소속감이나 성취도, 여가생활이나 가족 간의 유대감, 심리적 안정 등 다양한 요소들을 웰빙의 척도로 삼는다. 몸과 마음, 일과 휴식, 가정과 사회, 자신과 공동체 등 모든 것이 조화를 이루어 어느 한 쪽으로 치우치지 않은 상태가 웰빙이다. 이와 관련한 사례로 김성동 교수는 다음과 같이 지적하고 있다.

"인류학자들에 따르면 구석기나 신석기 시대 사람들은 우리보다 훨씬 많은 여가생활을 즐겼고 우리 보다 행복했다고 한다. 지금 우리가 그들의 생활을 직접 확인할 방법은 없지만, 그 시절의 삶의 방식을 오늘날까지도 유지하고 있는 사람들을 찾는다면 그 시절의 사람들의 삶의 방식을 엿볼 수는 있다. (중략) 화장지 등을 제조하는 유한 킴벌리사는 1일 12시간 근무를 하지만 4일 일하고 4일 쉬는 체제를 취하고 있다. 하루 평균 6시간의 근무를 하는 셈인데, 그럼에도 불구하고 근로자들은 이런 근로방식을 혁명이라고 부르면서 더 좋은 임금을 준다고 하더라도 예전과 같은 방식의 작업체제로 돌아가지 않겠다고 공언하고 있다."[12]

이는 웰빙을 추구하는 현시대의 실태를 그대로 반영하는 것으로, 즉 삶의 질을 그만큼 중시하고 있다는 것을 의미한다. 이는 곧 시대적 상황이 행복지수와 불가분의 관계에 있다는 것을 함축한다. 행복지수가 21세기를 사는 현대인의 최대 관심사로 떠오를 수밖에 없는 요인 중 하나는 평균수명이 과거와 비교할 수 없을 정도로 높아졌다는 사실이다. 인간의 평균수명이 고작 40세 혹은 50세에 불과했던 과거에는 유전적 성향이나 운이 좋은 극소수만이 장수를 누렸다. 하지만 지금은 80, 90세까지 사는 것은 매우 자연스러운 현상이 되었다. 문제는 이 긴 시간을 어떻게 하면 지루하지 않게 재미있고 행복하게 사느냐의 문제이다. 사회 역시 앞으로 젊은 층보다 수적으로 우세해질 노인층의 문제를 어떻게 해결할 것인가를 진지하게 고민해야 될 때가 되었다.[13] 이 점은 '세계가치관조사' 보고서에서도 확인할 수 있

행복에 대한 인문학적 성찰 | 홍병선

다.[14)

앞에서 언급했듯이 고대로부터 근대에 이르기까지 행복은 결코 인문학의 주변 문제만은 아니었으며 오히려 그 중심에 놓인 핵심적인 문제였다. 미스라이(R. Misrahi)의 분석에 의하면, 행복에 대한 인문학적인 논의는 크게 두 가지의 전통으로 나누어 볼 수 있다.[15) 그 하나는 플라톤(Platon)에서 칸트(I. Kant)를 거쳐 하이데거(M. Heidegger)에 이르는 전통이고, 다른 하나는 아리스토텔레스에서 스피노자(B. De Spinoza)를 거쳐 블로흐(E. Bloch)에 이르는 전통이다. 하지만 현대의 인문학자들이나 사회학적 행복 연구자들은 전자만을 주목하며 후자를 간과하는 경향을 지닌다고 미스라이는 주목하고 있다. 그럼에도 불구하고 우리가 고대와 근대의 철학자들과 문학자들이 행복에 대해 심사숙고하지 않는 까닭은, 시대가 변하고 그에 따른 이해의 척도도 변하여, 행복이 내적인 노력에 의해서만 성취될 수 있는 어떤 교양이 아니라 외적인 사물에 의하여 자동적으로 주어지는 타고난 권리라고 생각하기 때문이다.

하지만 이제까지 잘 작동되어 왔던 행복에 대한 이러한 이해가 최근에 이르러 별로 그 효과를 보지 못하고 있다. 더욱 행복해질 것이라는 예상은 빗나가고 있으며, 오히려 행복 속에서의 불행이라는 역설적 현상이 나타나고 있다. 행복경제학의 창시자로 알려진 이스털린(R. Easterlin)이 지적한 역설처럼, 기본적인 의식주의 욕구를 만족시키는 연소득 1 내지 2만불 전후를 기준으로 더 이상 인간의 행복은 증진되지 않고 있다.[16) 이러한 신호들은 지금까지 우리의 행복에 대한 이해에 어떤 결함이 있음을 보여주고 있을 뿐만 아니라 인문학적 사유 전환을 통하여 시급히 해결해야 할 과제임을 알려 준다.

2007년 한국종합사회조사(KGSS) 심포지엄 자료집에 의하면 일본의 경우 지난 40년간 실질 소득이 증가했지만 삶에 대한 만족도는 제자리 걸음을 하고 있다. 이러한 통계 지표가 우리에게 시사해 주는 바는 삶의 만족을 이해하는 데 있어 경제적 만족이나 경제학적 해석 보다는 인문학적인 만족이나 해석이 보다 중요하다는 것이다. 삶과 행복에 대한 인문학적 이해 없이는 소득의 증가가 바로 삶의 만족으로 이어지지 않으며 현재 우리나라가 그러한 기점에 놓여 있기 때문에 행복에 관한 인문학적 접근을 통해 그 해결 방안이 마련될 수 있음을 시사한다.

4. 행복에 대한 철학적 근거

4.1 아리스토텔레스의 행복론

사람이라면 누구나 행복한 삶, 복된 삶을 원하기 마련이다. 현대사회에서 많은 사람들이 그렇게 생각하는 것처럼, 고대 그리스 사회에서도 대부분의 사람들은 행복을 부, 명예, 권력, 건강, 장수 등으로 이해한 것으로 보인다. 그런데 행복이 무엇인가에 대한 질문에 대해 아리스토텔레스는 당시 그리스 사람들이 생각했던 상식적인 견해와 달리 합리적인 방식으로 행복론을 전개하고 있다. 그의 저서 『니코마코스 윤리학』에 행복론에 관한 논의가 구체적으로 잘 드러나 있는데, 그 가운데에서도 특히 제1권과 제10권에서 주되게 다루어지고 있다.

　잘 알려진 바와 같이 아리스토텔레스는 개인의 행복뿐 아니라 공동체의 행복과 안녕을 실천철학의 중요한 탐구과제로 삼고 있는데, 그에 따르면 행복한 삶은 개인적인 차원을 넘어 공동체 속에서의 좋은 삶 혹은 성공적인 삶이다. 말하자면 아리스토텔레스는 행복을 공동체 속에서의 삶 전체에 대한 인간 자신의 만족과 연관지어 파악하고, 선(good)하고 올바른 삶을 통해 참된 행복을 얻는다고 보았다. 사회적 존재로서의 인간이 행위를 통해 도달할 수 있는 목적들 중에서 최고의 선을 바로 행복(eudaemonia)이라고 본 것이다. 그러나 '행복이란 무엇인가?'라는 물음에 대한 답변은 사람에 따라 주어진 상황에 따라 각기 달리 답변되고 있다는 점이다. 오늘날도 행복이란 무엇인가 라는 물음에 대해 그 내용은 얼마든지 다를 수 있다. 그는 행복에 대해 다음과 같이 말하고 있다.

> "우리가 달성할 수 있는 모든 선 가운데 최고의 것은 무엇인가? 명목상으로는 대체로 누구나 여기에 대해서 같은 답을 내린다. 즉 일반 사람들도 교양 있는 사람들도 다 같이 그것을 행복이라고 말하며, 또 잘 살며 잘 처세하는 것이 곧 행복이라고 여긴다. 그러나 무엇이 행복이냐 하는데 이르러서는 사람들의 생각이 같지 않으며, 또 일반 사람들의 설명은 철학자들의 설명과도 같지가 않다. 전자는 그것이 쾌락이나 부나 명예와 같이 뻔하고 명백한 어떤 것이라고 생각한다. 그러면서도 그들은 의견이 서로 다르다. 그리고 때로는 같은 사람마저 경우에 따라 그것을 다양하게 서로 다르게 본다. 가령, 병들었을 때는 건강을 행복이라고 여기기도 하고, 가난할 때에는 부를 행복이라고 여기기도 한다."[17)

여기에서 보여주고 있는 것은 배운 것과 무관하게 행복이 인생의 최고의 선이라는 데에 일반적으로 동의하고 있다는 점이다. 그렇다면 '행복 그 자체는 무엇인가'라는 물음에 대한 답변은 사람에 따라, 또한 경우에 따라 특정한 사람에게서조차 얼마든지 다를 수 있다는 것이다. 보통 사람들은 쾌락, 부, 명예, 권력, 건강 등등 분명하고 일반적인 것을 행복이라 여기지만, 이처럼 사람들이 흔히 생각하듯이 행복이란 과연 그러한가? 이는 누구든 경우에 따라 어떤 때는 건강이 행복이었다가, 또 어떤 때는 부유함이 행복이 되는 그런 것이 아니라는 의미를 함축한다. 곧 행복에 대해 구체적으로 '그것은 무엇이다'라고 답변이 주어지자마자 곧장 반박될 소지가 있음을 함축한다. 다시 말해 구체적인 행복이 제시될 경우 곧장 반박될 수 있는 가능성으로 인해 간접적으로 증명하는 경우라고 할 수 있다.

아리스토텔레스는 행복을 쾌락, 명예, 부 등으로 여기는 대중들의 견해에 대해 반박하면서, 세 가지 삶의 형식에 대해 말하고 있다. 그것은 플라톤의 『국가』편에서 유래한 것인데, 즉 쾌락적인 삶, 정치적인 삶, 관조적인 삶이 여기에 해당한다. 일반 대중들은 동물적인 본성에 따른 쾌락적인 삶을 선택하고, 교양 있고 능동적인 사람들은 명예를 행복이라 여기는데, 이것이 정치적인 삶에 해당한다. 이에 비해 관조적인 삶은 자족적이며 따라서 참된 행복에 이르게 한다는 것이다. 말하자면 아리스토텔레스는 관조적인 삶을 최고의 행복이라고 여기고 있는 것이다. 돈을 버는 것은 부득이한 측면을 갖지만, 그렇다고 해서 부 자체는 우리가 추구하는 최고의 선이 아니다. 그것은 단지 유용성의 가치를 지닐 따름이며, 다른 목적을 위한 수단일 따름이라는 것이다.[18]

4.2 지속적인 활동성으로서의 행복

행복을 부, 명예, 권력, 건강, 장수 등을 얻거나 그것을 소유하고 있는 '상태'로 이해한 당시 대중들의 견해와 달리 아리스토텔레스는 행복을

'인간 고유의 능력이 탁월하게 발휘되는 활동성'으로 이해하였다. 즉, 행복을 어떤 것을 소유한 상태로 본 것이 아니라, 도덕적인 탁월함 (덕)의 성취를 위한 통로로 파악한 것이다. 탁월한 행위는 그 자체로 즐거운 것이며, 선하고 고귀한 것이다. 이러한 활동을 통해 우리는 부족함이 없는 자족적 행복을 얻게 된다. 그렇다고 해서 행복을 위한 외적인 것에 해당하는 친구, 재물, 좋은 집, 혹은 외모나 건강 등이 요구된다는 것 자체를 부인하지는 않는다.

아리스토텔레스는 행복이 '탁월함에 따른 정신적 활동'이라는 자신의 견해를 선의 본질로 규정하고 있는데, 그의 주장을 정리하면 다음과 같다. 의술이나 병술에 있어서 선이 각각 다르듯이, 선은 각각의 행위나 실천적인 기술에 있어서 다르다. 본래적 선이란 무엇인가? 그것은 다른 모든 것이 그것을 위해서 행해지는 그런 것이 아니겠는가? 예컨대 의학에서는 건강이, 건축에서는 집이 본래적인 선인 것이다. 말하자면 모든 행위에서 혹은 행위의 결정이나 선택에서 그 목적이 되는 것이 바로 선인 것이다. 그러나 인간이 추구하는 목적은 돈, 명예, 건강, 부, 좋은 외모 등 수 없이 많지만, 이 모든 목적이 궁극목적이 되는 것은 아니다. 최고의 선이 궁극목적이 되는데, 말하자면 언제나 그 자체로 추구할 만한 가치가 있는 것이 궁극적인 것이다. 바로 이것을 아리스토텔레스는 행복이라고 말한다. 왜냐하면 행복 이상의 궁극목적이란 있을 수 없고, 또 행복을 수단으로 해서 얻을 수 있는 것은 그 어떠한 것도 없기 때문이다. 다시 말해서 행복이 최고선인 이유는 우리가 언제나 행복을 다른 무엇을 위해서가 아니라 그 자체로서 우리가 추구해야 할 목적으로 여기기 때문이라는 것이다.

아리스토텔레스에 따르면, 최고선은 궁극적인 선이며, 궁극적인 선은 자족적인 것(autarkeia)이다. 말하자면 다만 그 자체로 충분한 것이다. 자족이란 말 자체가 암시하듯이, 그것은 삶을 바람직하게 만들며, 그리고 아무런 부족함이 없는 것으로 보고 있다. 이러한 의미에서 행복은 자족적인 것이다. 여기서 아리스토텔레스가 말하는 자족은 물론 개인적인 의미가 아니라, 사회적인 의미에 따른 개념임을 간과해서는 안 된다.

> "우리가 자족적이라 함은 어떤 한 개인만을 위하여 족함을 의미하는 것이 아니고, 또한 부모나 자녀와 아내와 일반적으로 친구들과 동포들을 위해서도 족함을 의미하는 것이다. 인간은 본래 사회적인(정치적인) 존재로 태어났기 때문이다."[19]

여기에서 우리는 아리스토텔레스가 말하는 행복이 개인적인 차원을 넘어서는 사회적·공동체적인 행복의 의미를 담고 있음을 이해할 수 있다. 말하자면 아리스토텔레스의 행복 개념은 사회적 규정과 깊은 연관관계 속에서 그 의미를 완전히 드러내는 것이라고 할 수 있다.

행복은 궁극목적이요, 최고의 선이며, 또 그 자체로 부족함이 없는 자족적인 것이라는 논의에서 한 걸음 더 나아가 아리스토텔레스는 행복의 본질에 대한 물음에 답하고자 한다. 행복이 모든 인간이 추구하는 궁극적인 최고선이라는 점이 분명하다면, 여기에서 더 나아가 밝혀야 할 것은 그것이 무엇인지에 대해 해명하는 일이다. 행복의 본질을 파악하기 위해 아리스토텔레스가 선택한 전략은 다른 존재와 구별되는 '인간의 본성과 기능'에 대한 해명이다. 말하자면 그는 인간에게만 고유한 능력과 본질을 해명함으로써 행복의 본질을 밝힐 수 있다고 본 것이다. 이는 행복이 인간의 본질과 밀접하게 관련되며, 또 인간 본질의 탁월한 실현이 바로 행복임을 암시하는 대목이기도 하다.

인간이 식물처럼 생명의 기능인 영양과 성장을 갖는다는 점에서 보면, 생명이 인간 고유의 기능과 본질은 아니다. 인간과 동물이 공유하는 감각능력도 마찬가지로 인간만의 특수한 능력이 아니다. 인간이 식물, 동물과 공유하는 부분을 빼고 남는 부분이 인간만이 갖는 고유한 기능이고 본질이라는 점이다. 그것은 다름 아닌 인간의 이성적인 정신(영혼)이다. 아리스토텔레스에 따르면 인간의 본질인 정신은 두 부분으로 나눌 수 있는데, 그 하나는 이성적인 원리에 따른다는 의미에서의 능력이요, 다른 하나는 이성적인 원리를 소유하며 이성적으로 사유한다는 의미에서의 활동이다. 인간 고유의 능력은 한마디로 '정신이 이성적 요소에 부합하는 활동성'이다. 도자기를 빚는 사람의 능력은 도자기를 탁월하게 잘 빚는 데 있듯이, 탁월한 인간은 자신의 고유한 능력의 활동에 따른 행위를 탁월하게 수행하는데 있다. 따라서 인간이 도달할 수 있는 최고의 선인 행복은 자기 활동의 참된 탁월함이라는 의미에서 정신의 활동성이다.

행복은 인간의 탁월함에 따른 활동성인데, 아리스토텔레스가 말하는 이 탁월함은 신체의 탁월함이 아닌 정신의 탁월함이다. 다시 말해서 행복은 인간에게만 본래적이고 고유한 정신의 활동인 것이다. 정신의 이성적 요소를 이론적인 지성과 실천적 지혜로 구별하듯이, 아리스토텔레스에게 있어 탁월함도 두 종류로 나누어진다. 지적인 탁월함과 도덕적인 탁월함이 그것이다. 지혜, 지성, 도덕적 통찰은 지적인 탁월함이요, 관용이나 절제는 도덕적인 성품의 탁월함이다.[20]

지금까지의 논의에 따라, 아리스토텔레스가 말하는 행복은 어떤 것을 소유한 상태가 아니라, 어떤 활동성을 의미한다. 다시 말해서 부를 소유한 상태도, 권력을 소유한 상태도, 건강한 상태도, 비록 그것들이 행복을 위한 외적인 조건이 될 수 있을지는 몰라도 그 자체로 행복은 아닌 것이다. 행복은 인간이 자신의 본성을 실현하기 위한 지속적인 정신의 활동성인 것이다.

이러한 행복이 한 순간에 이루어지지 않으리라는 점은 분명하다. 일반적으로 우리는 자신이 목적한 바를 성취하면 행복하다고 느끼고, 그렇지 못하면 불행하다고 느낀다. 행복이 모든 사람이 추구하는 진정한 것(선)이라면, 그것은 일시적인 만족이나 쾌락도, 또 어떤 외적인 선을 소유한 상태도 아닐 것이다. 행복은 일정한 순간이 아닌 전 생애를 거쳐 달성되어야 하는 것이라는 점에서 우리는 아마도 그것을 인생의 궁극목적이라고 말하는지도 모른다. 아리스토텔레스는 행복이 전 생애를 통한 것이라는 점을 다음 같이 비유적으로 표현하고 있다.

"그것은 온 생애를 통한 것이 아니어서는 안 된다. 한 마리 제비가 날아온다고 봄이 오는 것도 아니요, 하루아침에 여름이 되는 것도 아닌 것처럼, 인간이 복을 받고 행복하게 되는 것도 하루나 짧은 시일에 되는 것이 아니기 때문이다."[21]

행복이 한 순간, 하루, 혹은 생의 한 국면에서 가질 수 있는 것이 아니라, 생애 전체를 통한 인간 본질을 발현하고 실현하는 지속적인 활동성이라고 한다면, 우리는 이러한 거시적인 의미에서 행복을 생애 전체를 통한 성공적인 삶이라고 해석할 수 있을 것이다. 간단히 말해, 행복은 온전한 덕과 생애 전체를 통하여 비로소 성취되는 것이라고 할 수 있다.

그럼 우리는 언제 행복하다고 판단해야 하는가? 살아 있는 동안에는 행복하다고 말할 수 없는가? 죽은 후에야 비로소 행복한 사람이었다고 말할 수 있는가? 이에 대한 아리스토텔레스의 답변은 다음과 같다. 우리는 어떤 사람의 최후를 보고 나서 비로소 행복한 사람이었다고 판단해야 할 것이다. 만약 우리가 운수(luck)의 변화를 주목하게 되면, 우리는 가끔 동일한 사람을 두고 때로는 행복하다 하고 때로는 불행하다고 말할 것이다. 그러나 인생의 전체적인 성공이나 실패는 운에 달린 것이 아니다. 물론 인간의 삶은 많은 경우에 운과 같은 우연적인 외적 조건에 영향을 받기도 하고, 또 그런 조건을 필요로 하지만, 우연만으로는 충분치가 않다. 그것은 부차적일 따름이다.

비록 운이 따르지 않고 오히려 큰 불행이 닥친다고 할지라도 고귀한 성품을 지닌 사람은 불행 속에서도 빛을 발할 것이다. 왜냐하면 그는 인생의 여러 가지 어려운 변화와 불행을 정신의 위대함과 고귀함을 가지고 품위 있게 견디어 낸 것이며, 인간의 능력 중에서 가장 안정적인 지속성이라 할 도덕적인 탁월성(덕)을 소유하고 있기 때문이다. 이 점에 대해 아리스토텔레스는 다음과 같이 말한다.

"우리의 생에 대하여 결정적인 힘을 가진 것이 활동이라고 한다면, 행복한 사람치고 비참하게 될 사람은 한 사람도 없다. 왜냐하면 행복한 사람은 가증하고 비열한 행위를 절대로 하지 않기 때문이다. 참으로 선하고 현명한 사람은 인생의 모든 변화를 훌륭하게 겪어나가며 또 언제나 그가 당한 처지를 가장 잘 이용한다고 우리는 생각한다. …… 확실히 미래란 우리에게는 분명치 않은 것인데, 행복은 하나의 목적이요, 모든 점에서 궁극목적이다. 그렇다면 우리는 살아 있는 사람들 가운데서도 이상의 조건을 갖추고 있는 그리고 또 앞으로도 갖추게 될 사람들을 행복하다고 해야 할 것이다."[22]

아리스토텔레스에 따르면, 행복한 사람은 심오하게, 그리고 지속적으로 자신의 삶의 의미를 충족하는 사람이다. 그래서 행복한 사람은 일시적인 것이 아닌 전 생애를 거쳐 온전한 덕에 따라 지속적으로, 그리고 자기의 이성에 따라 활동하고, 또 그 이성을 가꾸고 성숙하게 하여 최선의 정신 상태를 가지려고 끊임없이 노력하는 사람이다. 아리스토텔레스는 이어서 다음과 같은 자신의 확신을 덧붙이고 있다. 행복한 사람은 또한 동시에 가능하다면 여러 가지의 외적인 선들도 동시에 소유한 사람이 아닐까?

5. 행복에 대한 인간학적 의미

지금까지 행복에 대한 인문학적 담론과 철학적 의미에 대한 분석 그리고 행복의 조건에 대해 살펴보았다. 2003년 서울대 사회발전연구소에서 조사한 '한국사회 국민의식과 가치관에 관한 조사연구'에서 한국인의 행복지수는 66.5점인 것으로 알려졌다. 이는 외환위기 직전인 10년 전에 비해 9.5점 오른 수치이며 미래에는 더 높아질 것으로 예상했다. 당시 조사에 참여한 전국 성인 1200명의 70.2%가 행복한 삶을 결정하는 요인으로 '건강'을 꼽았다고 한다. 그밖에 소득과 학력도 행복도를 높이는데 일조하였다고 조사되어, 사람이 행복하다고 느끼려면 정신적, 신체적 건강의 보장 뿐 아니라 객관적 행복의 조건까지 두루 갖추어야한다는 것을 알 수 있다. 물론 건강은 인간의 생존의 필수 조건이다. 그런 의미에서 건강은 다른 모든 것을 가능하게 해준다는 점에서 그 중요성에 대해 시사하는 바는 매우 크다.

앞에서 지적했듯이 아이러니한 것은 선진국들의 경우 소득이 크게 늘었음에도 불구하고 국민들이 별로 행복해하지 않는 현상이 나타나고 있다는 사실이다. 이러한 '행복의 역설'을 연구한 로널드 잉글하트(R. Inglehart) 미시간대 교수의 분석에 따르면, 1만 달러 혹은 1만 5000달러를 넘는 나라들은 그 국민의 행복지수가 비슷하다는 특징을 지닌다는 것이다. 그리고 실제로 지난 1945~2000년 55년 동안 미국의 1인당 국민소득은 3배나 늘었지만 행복지수는 제자리를 맴돌고 있다. 이것은 '가진 것'에 관한 권태와 '가지지 못한 것'에 대한 욕망이 동시에 늘어나고 있기 때문으로 분석된다. 그리고 물질적으로 풍요해지면서 선택의 여지가 늘어나면 자신의 선택에 대한 만족감은 줄어들게 된다는 것을 말한다. 그렇지만 이렇게 인간의 본성에 대한 해석만으로는 이런 행복의 역설을 이해하고 극복하기에 충분하지 못하다. 보다 중요한 것은 복지와 행복을 평가하는 새로운 해석 방법이 절실하다는 사실이다. 즉 사회 경제적인 측면에서 뿐만 아니라 우리들의 관습적이고 인문학적인 측면을 고려하는 행복의 이해가 정책적으로 요구되고 있는 것이다. 예를 들어, 개발도상국들이 경제 성장에만 초점을 맞추고 있던 지난 1972년 히말라야 산맥의 작은 나라 부탄은 GDP(국내총생산)를 대신할 GNH(국민총행복; Gross National Happiness)를 국정운영의 기준으로 삼았다. GNH는 안정적인 경제 발전과 자연환경 보호, 민족문화 증진, 그리고 좋은 통치 등 네 기둥으로 이루어져 있다. 의료와 교육은 전액 무상이며 자연보호를 위해 연간 관광객 수를 제한하고 있다. 이런 정책으로 부탄은 1인당 GDP 1200달러의 가난한 나라지만 영국 레스터대의 국민행복지수에는 세계 8위에 올랐다. 부탄이 비록 우리나라의 절반 정도의 크기이지만 국내총생산(GDP)은 1400달러 수준의 가난한 국가임에도 불구하고 세계에서 가장 행복한 나라 중에 하나이다. 그 결과로 지금 세계 여러 나라는 행복에 대한 사회과학적 지표와 인문학적인 제언들을 바탕으로 하는 정책 수립에 몰두하는 추세이다.

　인류가 존속하는 한, 행복에 대한 논의는 끊이지 않을 것이다. 어찌 보면 행복이란 인간이 절대 달성할 수 없는 완전한 상태라는 점을 염두에 둔다면 실현 불가능해 보일 수도 있다. 이에 염세주의자인 쇼펜하우어의 주장대로 인간은 태어나지 않음이 행복하다는 견해 또한 얼마든지 이해할 수 있을 것 같다. 아리스토텔레스의 말대로 인간이 생존해 있는 동안 행복이 결과가 아닌 과정이라는 점에 비추어 볼 때 앞의 견해와 일맥상통한 것은 아닌지? 이런 불완전한 인간의 몫이란 주어진 삶을 살며 저마다의 위치에서 꾸준히 갈망하고 노력하는 일일 것이다. 그러면 행복은 "사유하는 인간이기에 달성할 수 있는" 실체로서 늘 우리 곁에 머물 것이다.

1) 임성철(2004), 3장 참조.

2) 행복에 대한 미스라이(R. Misrahi)의 분석에 의하면, 행복에 대한 인문학적인 논의는 크게 두 가지의 전통으로 나누어 볼 수 있다. 그 하나는 플라톤 (Platon)에서 칸트(I. Kant)를 거쳐 하이데거(M. Heidegger)에 이르는 전통이 고, 다른 하나는 아리스토텔레스에서 스피노자(B. b Spinoza)를 거쳐 블로흐 (E. Bloch)에 이르는 전통이다. 하지만 현대의 인문학자들이나 사회학적 행복 연구자들은 전자만을 주목하며 후자를 간과하는 경향을 지닌다고 미스라이는 주목하고 있다.

3) 김광수 역(2004), 38쪽.

4) 김광수 역(2004), 37쪽

5) 또 다른 사례로 몇해 전 우리나라 최대 기업인 삼성 가문에서 자살 사건이 있었다. 대자본가인 이건희 회장과 국내 미술계에 가장 지대한 영향력을 가진 홍라희 여사의 딸 이윤형이 유학 중 자살을 한 것이다. "첫째, 사람은 태어나 지 않음이 행복하다. 둘째, 태어났으면 일찍 죽는 것이 행복하다. 셋째, 일찍 죽지 않았으면 자살하라." 라고 이야기하는 쇼펜하우어의 3대 행복론에 비추 어 보았을 때 그녀는 오히려 행복한 사람인지도 모르겠다. 그러나 꽃다운 나 이에 스스로 목숨을 끊은 그녀의 장례식은 분명 축하할 만하다거나 행복한 장면은 아니었을 것이다.

6) 이들은 18년 동안 1,000명의 남녀를 대상으로 80가지 상황 속에서 자신들을 더 행복하게 만드는 5가지 상황을 고르게 하는 실험을 하였다. 그 결과 "행복은 인생관·적응력·유연성 등 개인적 특성을 나타내는 P(personal), 건강·돈·인 간관계 등 생존조건을 가리키는 E(existence), 야망·자존심·기대·유머 등 고차 원 상태를 의미하는 H(higher order) 등 3가지 요소에 의해 결정된다."고 주장하였다. 이들은 3요소 중에서도 생존조건인 E가 개인적 특성인 P보다 5배 더 중요하고, 고차원 상태인 H는 P보다3배 더 중요한 것으로 판단하여 행복 지수를 P+ (5×E)+ (3×H)로 공식화하였다. 행복지수(幸福指數) , 네이버 백과사 전.

7) Richard Layard(2003) 참조.

8) 하루에 7시간 정도 충분히 수면하는 사람은 그보다 덜 자거나 더 자는 사람보다 우울할 가능성이 50%밖에 되지 않는다는 조사 결과가 있다. 김성동 (2007), 96쪽에서 재인용.

9) Aristotle(1991), 306쪽. 특히 눈여겨보아야 할 점은 행복과 건강과의 관계에 관한 것이다. 한 연구에서 미국 수녀들의 삶을 연구한 바 있다. 수녀들은 수녀 서품을 받을 때 자서전적인 스케치를 썼는데, 연구자들은 서품을 받을 때 수 녀들이 얼마나 긍정적인 감정을 표현했는지 보기 위해 그 스케치를 읽었다. 그런 후 수녀들의 평균 수명을 조사했다. 모든 수녀들이 서로 비교 가능한 식 습관과 생활 패턴, 그리고 결혼과 출산경험을 갖고 있었기 때문에 이것은 아주 훌륭한 자연스러운 실험이라 할 수 있었다. 연구결과, 스케치에서 가장 긍정적인 감정을 표현한 수녀들 중 90%가 85세까지 생존하고 있었다. 반면 긍 정적인 감정을 가장 적게 표현한 수녀들 중에는 단지 34%만이 85세까지 생 존하고 있다. 이러한연구는 긍정적 감정이 육체 및 정신건강에 더 좋은 영향 을 미친다는 것을 밝혀준다. 건강도 돈을 주고 살 수 있나? 어느 정도의 대안 은 될 수 있지만 그러나 영구적이지는 못하다. 불로장생은 누구의 힘으로도, 어떤 것으로도 불가능하다. 우리는 물질 만능주의에 살고 있지만, 돈으로 죽은 사람을 살려낼 수는 없다. 그

러므로 우리는 어떻게든 필사적으로 생명과 건강 을 지키려고 한다. 대니얼 네틀 (2006), 105쪽.

10) 대니얼 네틀(2006), 206-207쪽.

11) Aristotle(1991), 298-9쪽.

12) 김성동(2007), 56쪽

13) 안네 폰 블롬베스크(2003), 26-27쪽.

14) '세계가치관조사' 보고서에 의하면, 인간의 행복을 결정하는 중요한 요소로 일곱 가지를 꼽고 있다. 즉, 가족관계, 재정상황, 일, 공동체와 친구, 건강, 개 인적 자유, 그리고 개인적 가치가 그것이다. 개인적 자유는 그가 어떠한 정치 상황에서 태어나는가와 관련이 있고, 또 개인적 가치는 그가 어떤 종교적 신 념을 갖는가와 관련이 있기 때문에 보편적인 결정사항은 아니다. 그래서 보편 적인 행복의 요소는 앞의 다섯 가지인데, 조사에 따르면 이는 또한 행복을 결 정하는 주요도의 순서이기도 하다. 또 조사는 이러한 요소들의 비중을 통계화 함으로써 이들 요소들 간의 상호비교 가능성까지도 제시하고 있다. 예를 들어 결혼보다 동거는 -2만큼의 행복도의 변화를 의미하는데, 이는 수입의 1/3이 감소한 정도에 해당한다. 직장이 불안정할 경우에는 -3만큼의 행복도가 변화 하는데, 공동체가 불안하거나, 건강이 20% 악화되면 -1.5만큼 행복도가 또한 변화한다.

15) 로베스 미스라이(2006), 서론 참조.

16) 1974년 펜실베니아 대학의 경제학 교수인 이스털린 은 "Does economic growth improve the human lot?"라는 논문에서 1946년부터 가난한 나라와 부자나라, 사회주의와 자본주의 나라 등 30개국의 행복도를 조사했다. 첫 번 째 결과는 경제발전 단계와 사회체제와는 상관없이 소득이 높은 사람들이 높 은 행복도를 나타냈지만, 일정시간이 지나면 소득 수준이 더 높아져도 행복도 는 비례하지 않는다는 것이다. 즉, 제2차대전 때패망한뒤 급속한 발전을이 룬 일본의 경우 1970년대까지 1인당 소득이 7배까지 높았지만 삶의 만족도가 그만큼 늘어나지 않았다는 것이다. 즉, 부유해졌지만 행복해진 것은 아니다. 이것을 바탕으로 이스털린 교수는 사람들의 기본적인 욕구가 충족된다고 해서 경제성장이 인간의 삶의 만족도를 높여주지 않는다는 것이다.

17) Aristotle(1991), 34쪽

18) Aristotle(1991), 36쪽

19) Aristotle(1991), 43쪽.

20) Aristotle(1991), 58쪽.

21) Aristotle(1991), 44쪽.

22) Aristotle(1991), 51쪽

참고자료

구재선 · 서은국, "한국인, 누가 언제 행복한가?",『한국심리학회지: 사회 및 성격』제25권 2호, 2011.

김광철, "도덕에 있어서 자율성과 감정의 역할: 순자와 칸트의 비교", 서강대학교 철학연구소, 학술발표논문, 2010.

김동규,『하이데거의 사이 예술론』, 그린비, 2009.

김성동,『아버지는 말하셨지, 너희는 행복하거라』, 철학과 현실사, 2007.

김진서,『성공』, 프로방스, 2008.

김충영, "징기스칸의 戰略에 관한 分析",『교수논총』12호, 국방대학교, 1998.

김태업, "아리스토텔레스의 행복론에서 덕(arete)과 성품(hexis)의 의미", 연세대학교 대학원 석사학위 논문, 2003.

도의성,『성공멘토』, 아름다운사람들, 2011.

문제갑 · 양순필,『시티즌 오블리주』, 역사비평사, 2009.

박선목, "삶의 질을 높이기 위한 동서양의 행복론",『인문논총』제55권 1호, 2000.

박소현,『문화예술분야 재능기부 활성화 방안 연구』, 한국문화관광연구원, 2011.

박영신 · 김의철, "한국 성인 남녀가 행복에 이르는 길 :직업 성취, 자녀 성공, 정서적 지원과 자기효능감의 영향",『한국심리학회지:여성』14권 3호, 2009.

박영신 · 김의철, 심리적, 관계적, 경제적 자원: 한국인의 행복에 어떠한 영향을 미치는가?,『한국심리학회지: 사회문제』제15권 제1호, 2009.

박재환 · 박명수, "창업학의 전략적 선택과 연구과제",『경영교육연구』제26권 제4호, 한국경영교육학회, 2011.

법정 저, 류시화 역,『산에는 꽃이 피네』, 문학의 숲, 2009.

소병철, "인간 행복의 사회적 가능조건에 관한 소론",『시민인문학』, 제20호, 경기대 인문과학연구소, 2011.

안상헌,『안상헌의 내 삶을 만들어준 명언노트』, 소통, 2005

예종석,『희망 경영: 100년을 위한 10년 경영의 길』, 마젤란, 2007.

유원기, "아리스토텔레스의 인간 본성론",『신학과 철학』제6호, 2004.

유원기, "아리스토텔레스의 철학적 인간학",『신학과 사상』제62호, 신학과 사상학회, 2008.

윤지연, "아리스토텔레스의 탁월성과 행복에 관한 연구", 한국교원대학교 대학원 석사학위논문, 2009.

이의용,「직장과 그리스도인」, 교회문화연구소, 2000.

임성철, "감각이 곧 진리다",『감각하는 인간』, 한양대출판부, 2004.

전 광,『평생감사:행복의 문을 여는 열쇠』, 생명의 말씀사, 2007.

전용석,『아주 특별한 성공의 지혜』, 전용석 옮김, 2007.

한동우, "한국의 기부문화 현황과 과제", 강남대학교 사회복지대학원, 발표자료집, 2009.

홍병선, "행복에 대한 인문학적 성찰",『시민인문학』21호, 경기대학교 인문과학연구소, 2011.

황혜선, "쾌락적 행복성향자의 정서 사회적 특성", 연세대학교 대학원 석사학위논문, 2010.

가토타이조 저, 양경미 역,『나를 행복하게 만드는 배려의 심리』, 오늘의책, 2006.

가토 히사다케 저, 표재명 · 김일방 · 이승연 역,『현대 윤리에 관한 15가지 물음』, 서광사, 1999.

나이절 워버턴 저, 최희봉 역,『스무 권의 철학』, 지와 사랑, 2002.

닉부이치치 저, 최종훈 옮김,『닉부이치치의 허그 HUG』, 두란노, 2010.

달라이 라마 · 하워드 커틀러 저, 류시화 역,『달라이라마의 행복론』, 김영사, 2001.

대니얼 길버트 저, 서은국 · 최인철 · 김미정 역,『행복에 걸려 비틀거리다』, 김영사, 2006.

대니얼 네틀 저, 김상우 역,『행복의 심리학』, 와이즈북, 2006.

데보라 노빌 저, 김용남 옮김,『감사의 힘』, 위즈덤 하우스, 2008.

데이비드 니벤 저, 유혜경 역,『행복한 사람들은 그럴만한 이유가 있다』, 청림출판, 2001.

데이비드 브룩스 저, 이경식 역,『데이비드 브룩스 소셜 애니멀』흐름출판, 2011.

데일 카네기 저, 최염순 역,『카네기 행복론』, 씨앗을 뿌리는 사람, 2004.

레나마리아 저, 유석인 옮김,『발로 쓴 내 인생의 악보』, 토기

장이하우스, 2008.

로베스 미스라이 저, 김영선 역, 『행복 기쁨에 관한 소고』, 동문선, 2006.

리즈 호가드 저, 이경아 옮김, 『(영국 BBC 다큐멘터리) 행복: 행복전문가 6인이 밝히는 행복의 심리학』, 예샘, 2006.

마빈 토케이어, 이찬일 역, 『유대인의 성경 탈무드』, 선영사, 2001.

마이클 샌델, 저, 이창신 역, 『정의란 무엇인가』, 김영사, 2010.

미첼 아질레 저, 김동기 역, 『행복심리학』, 학지사, 2005.

마틴 셀리그만 저, 김인자 역, 『긍정심리학: 진정한 행복 만들기』, 물푸레, 2006.

바실리 칸딘스키 저, 권영필 역, 『예술에서의 정신적인 것에 대하여』, 열화당, 2004.

바실리 칸딘스키 저, 차봉희 역, 『점 선 면: 열화당 미술책방 2』, 열화당, 2004.

버트런드 러셀 저, 황문수 역, 『러셀의 행복론』, 문예출판사, 2001.

빌 게이츠 저, 김광수 역, 『빌게이츠와 워렌버핏- 성공을 말하다』, 월북, 2005.

빌렌브룩 저, 배인섭 역, 『행복경제학』, 미래의창, 2007.

소냐 류보머스키 저, 오해경 역, 『행복도 연습이 필요하다』, 지식노마드, 2007.

쇼펜하우어 저, 이중기 역(2003), 『의지와 표상으로서의 세계 외』, 집문당.

쇼펜하우어 저, 최충림 역(1999), 『쇼펜하우어의 참된 행복』, 오늘의 책.

스티븐 코비 저, 김경섭 역, 『성공하는 사람들의 7가지 습관』, 김영사, 2003.

아나 야스오, 이경민 역, 『성공하려면 습관을 정복하라』, 삼성서적, 1996.

아리스토텔레스, 최명관 역, 『니코마코스 윤리학』, 서광사, 1991.

아리스토텔레스 저, 강상진 · 김재홍 · 이창우 옮김, 『니코마코스 윤리학』, 이제이북스, 2006.

안네 폰 블롬베스크 저, 윤효진 역, 『행복지수 LQ 테스트로 알아보는 행복』, 다른우리, 2003.

알랭 드 보통 저, 정영목 역, 『일의 기쁨과 슬픔』, 이레, 2009.

알랭 드 보통 저, 정영목 역, 『불안』, 은행나무, 2011.

양쉬 저, 오순금 역, 『나를 만드는 행복게시록 성공』, 좋은책 만들기, 2002.

에이브러햄 H 매슬로 저, 왕수민 역, 『인간욕구를 경영하라』, 리더스북, 2011.

요하네스 발라허 저, 박정미 역, 『경제학이 깔고 앉은 행복』, 대림북스, 2011.

위르겐 휠러 저, 김세나 역, 『성공의 비법』, 시아출판사, 2002.

이즈미 가즈유키 저, 김지훈 옮김, 『인생 지혜』, 시아출판사, 2007.

제프리 페퍼 저, 이경남 역, 『권력의 기술』, 청림출판사, 2011.

탈벤-샤하르 저, 노혜숙 역, 『해피어』, 위즈덤하우스, 2007.

탈벤-샤하르 저, 노혜숙 역, 『하버드대 행복학 강의: 해피어』, 위즈덤하우스, 2007.

크로체 저, 이해완 역, 『크로체의 미학』, 예전사, 1994.

크리스토프 앙드레, 김교신 옮김, 『행복의 단상, 행복하게 살기』, 동문선, 2003.

클라우드 M. 브리스톨 저, 최염순 옮김, 『신념의 마력』, 비즈니스 출판, 2007.

클라인 저, 김영옥 역, 『행복의 공식』, 웅진지식하우스, 2006.

퍼울로 코엘료 저, 권미선 역, 『브리다』, 문학동네, 2010.

포쉐 저, 조재룡 역, 『행복의 역사』, 열린터, 2007.

E.F. 슈마허 외 저, 이덕임 역, 『자발적 가난』, 그물코, 2007.

Darrin McMahon, 윤인숙 역, 『행복의 역사』, 살림, 2008.

Gordon Graham, *Philosophy of the Art: An Introduction to Aesthetics*, (Routledge, 1997. 이용대 역, 예술철학, 이론과 실천, 2000)

Epicurus, "Letter to Menoeceus", Cahn & Vitrano, *Happiness: Classic and Contemporary Reading in Philosophy*, New York:Oxford University Press, 2008.

Layard, Richard, Layard, P. R. G., *Happiness*, Penguin USA, 2007.

Linley & Joseph (eds.), *Positive Psychology in Practice*, John Wiley & Sons, Hoboken, New Jersey, 2004.

Richard Layard., "Happiness: Has Social Science a Clue?", London School of Economics, Lionel Robbins Memorial Lectures, 2003.

Noel Carroll, *Philosophy of Art: A Contemporary Introduction*, (Routledge, 1999)

John Spackman, "expression Theory of Art", *Encyclopedia of Aesthetics* (Oxford University Press, 1998)

KBS 스페셜, 『행복해지는 법』, 2011.

한겨레 21돌 창간특집, 『행복경제학』, 2009. SBS 그것이
　　　알고 싶다 2006. 1. 14

아너소사이어티에서 한국의 내일을 본다

『자본주의 4.0』 제 2부 / 조선일보 사설 / 2011년 9월 26일자

사회복지공동모금회 사랑의 열매 홈페이지
　　　http://chest.o r.kr

대한민국 사회봉사단 홈페이지
　　　http://www.koreahands.org

『재능을 나눔시다 1년』 조선일보 / 2010년 12월 20일자

[특집] 재능기부 우리 곁에 '성큼, 위클리경향 894호, 김난도
　　　교수 인터뷰내용
　　　http://weekly.khan.co.kr/art_print.
　　　html?artid=201009291429471

재능기부 또 다른 '나눔' / 기부문화 선도 강지원 변호사, 농민
　　　신문, 2010. 12. 13.

기부천사 노후보장 '김장훈법' 만든다 조선일보 / 2011년 9월
　　　1일자.

『머니위크 커버』 명예기부자법 찬 · 반 조사해 보니 Daum미
　　　디어 머니위크 / 2011년 9월 22일자

이상민 자원봉사자 인센티브제 도입 '자원봉사활동기본법개
　　　정안' 발의, 대전투데이, 2011. 4. 10.

자원봉사 활동기본법, 국회 법률지식 정보시스템.

500대 글로벌 기업 美 헌츠먼社의 존 헌츠먼 회장,

조선일보 Weekly BIZ 인터뷰 기사 / 2011년 10월 29일자

위키백과사전 및 네이버 지식백과사전

2009년 중앙대학교 '교양세미나' 연구결과보고서(연구책임
자 : 홍병선교수)

찾아보기

(ㄱ)

가지성(intelligibility) 98
감성적 능력 21
감성적 성향 99
감수성 42, 107, 153
개인주의 34
객관적인 성공 60, 61
객관주의적 견해 131, 132
객체화 34
결과론적 관점 148
경향성 104, 106, 107, 108, 154
경험적인 만족감 74
고유성 21, 55
공감 76, 108, 156, 190
공감의 법칙 156
공리주의 148, 150, 160, 168
공정한 부의 분배 35
관조 30, 31, 65, 135
관조적 삶 175
궁극적인 가치 29, 30
궁극적인 목적(궁극목적) 13, 22, 31, 97, 101,
136, 138, 140, 161
긍정적 정서 74
기부문화 112, 113, 115, 119, 122, 123, 125,
126

(ㄴ)

내적 능력 157
내적 행위 11
노블레스 오블리주 113, 115, 126
니코마코스 윤리학 173

(ㄷ)

대상화 34

도덕률 106
도덕법칙 103, 105, 106, 107, 108, 155
도파민(dopamine) 74
동기론적 관점 148
동물성 103, 109
동정심 106, 108

(ㄹ)

라깡 36
러셀 135, 140, 165
로널드 잉글하트(R. Inglehart) 182
로렌스 G.볼트 19
리어 98
리처드 레이야드 167
리처드 스티븐스 75
링컨 140

(ㅁ)

마더테레사 프로젝트 116
마르케스 60
마이클 센델(M. Sandal) 150
마이클 아가일 74, 80
마일스 32
마틴 셀리그만 44
메슬로(Abraham H. Maslow) 57
메트로도루스 140
명예기부자법 121, 127, 188
무어 134
물질주의 14, 34
미스라이(R. Misrahi) 172, 184, 185
미의 형상 62

(ㅂ)

바누아투 166, 167
법정스님 11, 37
보편자(universal) 97
보편적 도덕법칙 108

보편타당한 정의 10
부정적 정서 74
빌리어드(Billiards) 92, 93

(ㅅ)
사회적 부 40
상부조건 147
선에의 소질 102, 103, 105, 106, 155
성공의 조건 41, 83
성향 89, 90, 99, 100, 104, 105, 106, 154, 155,
171
셰익스피어 19
소질 102, 103, 104, 105, 154, 155
쇼펜하우어 21, 42, 43, 44, 51, 153, 169, 183,
184
수단적 가치 33
슈바이처 프로젝트 116
슘페터 40
스피노자 172, 184
실존적 존재 75
실존적인 결단 156
실존주의 76, 160, 168
심미적 가치 59

(ㅇ)
아너소사이어티 114, 115, 126
아리스토텔레스 13, 20, 21, 29, 30, 31, 63, 97,
98, 99, 101, 133, 134, 135, 136, 138, 143, 160,
161, 165, 168, 172, 173, 175, 176, 177, 178,
179, 180, 181, 183, 184
아제르바이잔 167
안나 파블로바 56
알베트 슈아비처 135
에디슨 88, 151
에피쿠로스 161, 162
엔케팔린 91
역할 모델 84

예측변인 12
오드리햅번 프로젝트 116
외연(外延) 33
외적 행위 11
요하네스 발라허 38
워렌 버핏 44, 136, 137, 164
웰빙 170, 170
윌리엄 제임스 22
유용성의 가치 31, 175
의무론적 관점 148
이데아 62
이성중심주의 34
이스털린(R. Easterlin) 172, 185
이중섭 60
인간성 90, 103, 104, 109, 154
인간의 본성 13, 54, 55, 96, 97, 98, 102, 104,
108, 132, 146, 154, 177, 182
인격성 103, 109
인문학적 담론 160, 169, 181
인센티브제 119, 126, 188

(ㅈ)
자기 동일성 96
자기애 103, 105, 106, 107, 109, 154
자기-충족적 56
자아실현의 행복 100
자유의지 105, 154, 155
자율성 106, 108
자족 13, 21, 22, 31, 56, 170, 175, 176, 177
재능기부 115, 116, 117, 120, 122, 124, 126,
127
절대 이성 161
정신적 궁핍 35
정체성(identity) 96, 162
정치적인 삶 30, 175
제프리 페퍼 19
존 헌츠먼 125, 127

존경심 107, 108
종교적 관점 70
주관적 준칙 108
주관적 행복 14, 162, 165, 167
주관적인 성공 60, 61
주관주의적 견해 131
준칙 106, 107, 108, 148, 155
지성적 동물 98
진리성(truth) 98
징기스칸 77, 78, 80

(ㅊ)
참살이(well-being) 72
창조적 모방 73, 83

(ㅋ)
카네기 55, 88, 90, 91, 135, 141
카다르시스 63
칸딘스키 62
칸트(I. Kant) 104, 106, 107, 108, 148, 149,
150, 151, 154, 184
콜링우드 65, 109
쾌락적 행복 100, 101
쾌락적인 삶 30, 175
쾌락주의 162
쿠르베(Courbet) 60
키다리아저씨 프로젝트 116
키에르케고르 76, 77

(ㅌ)
타율적 결정 149
탁월한 삶 99
탁월함 176, 178
탈벤 샤하르 73
토크빌소사이어티 114
톨스토이 64, 65

(ㅍ)
포괄적인 욕구 31
프로보노(Pro Bono) 118
플라톤 30, 62, 63, 168, 172, 175, 184
플롯(plot) 63

(ㅎ)
하부조건 142, 147
하이데거 172, 184
행복 지수 166, 184
행복성향 100
행복의 서열화 162
헤라클래스 프로젝트 116
헤르만 헤세 73
형상(eidos) 62, 89, 97
형상(idea) 64
호스퍼스 64
활동성 13, 14, 161, 175, 176, 178, 179
흄 13
희망제작소 120, 126

doxa 62
happiness 11, 70, 182
skilled volunteer 115

홍병선

중앙대학교 교양학부대학 교수(철학)

중앙대학교 대학원에서 「인식적 정당화의 내재론·외재론 논쟁에 관한 연구」로 철학박사 학위 취득

한국교총 대학교육위원회 위원(부위원장)

행정, 외무고시(PSAT) 검토 및 출제위원(2009-2010년)

한국교양교육학회 총무이사 및 운영위원

국립중앙도서관 도서 추천위원(서양철학)

대한민국 국회도서관 자료 및 도서 추천위원

등재지『철학탐구』편집위원

문화체육관광부 2011년 우수도서 추천위원

한국과학기술기획평가원 녹색성장위원회 위원

저서:『이성과 비판의 철학』(2006),

『현대인식론 논쟁』(2006)

『서양근대철학의 열 가지 쟁점』(2006)

『그리스신화의 철학적 사유』(2010)

『과학기술과 철학의 만남』(2011)

김장용

중앙대학교 예술대학 도예전공 교수

동경예술대학 도예전공 석사

1990년 제1회 개인전~2011년 제12회 개인전

한일 도예문화대학 초대전

목포 세계도자 엑스포 초대전

동경예술대학 국제도예교육 교류수업 참여

경덕진대학 및 소주대학, 길림예술대학 초대전 외 다수

한국공예가협회, 한국현대도예가회, 한국조형디자인학회

한국도자학회 회원, 국제도예교육교류학회원

저서:『예술과 상상력』(공저, 2011)

역서:『알몸 엑스포메이션』(2010),『엑스포메이션 女』(2012)

임옥
중앙대학교 대학원 문화예술경영 전공
동국대학교 미술학과 졸업
現) 평택미술협회장
소사벌 국제아트엑스포 대회장
소사벌 현대여성작가회 자문위원장 평택시,
용인시 미술장식 심의위원, 화룡미술대전 심사위원
한국미술협회 열린공감전(초대작가)
단원미술제 초대작가(단원 미술관)
대한민국미술대전 비구상부분 입선
한국 미술협회전 다수 출품(예술의 전당)
국제 아트 페스티발전 다수(중국)
2011. 6. 31갤러리(인사동) 개인전
現) 중앙대 산업대학원 제22대 원우회장
現) 수원지방법원 조정위원

박시혜영
중앙대학교 대학원 창업경영 전공
(사)한국기술거래사회 이사
경기중소기업CEO 남강회 부회장
수원여성기업인협의회 기획이사
(사)한국디자인경영협회 이사
現) 수디자인커뮤니케이션 대표

공태식
중앙대학교 대학원 경영학석사
前) TSEVENT 대표, 한국레크리에이션교육협회 진행위원
前) 한국레크리에이션교육센터/아트풍선/래프팅 강사
現) 동아방송예술대학 재직(기획실, 콘텐츠디자인연구소)
KBS1TV 아침마당 출연, 전국노래자랑 2011 연말결선 인기상
YTN 대학생영상공모전 수상작 "커피한잔의 여유", "샬롬의 집"
"인천 JC 홍보영상", "동아방송예술대학 홍보영상" 외 다수 나레이션

지상범
중앙대학교 대학원 문화예술경영 석사
現) 31 갤러리 관장
한민동 가무악회 고문
전통국악원 [가얏고을] 고문
[외눈박이사랑] 시인협회원
중요무형문화재 11호 [이리농악] 사사,(1988)
중요무형문화재 49호 [송파산대놀이] 사사,(1986)
저서:『예술과 상상력』(2011)

이경은
중앙대학교 대학원 문화예술경영 전공
하늘소리 중창단원
現) 이경은음악학원장

이경숙
중앙대학교 대학원 문화예술경영 전공
서울커뮤니케이션교육대학원 파워스피치 지도자 1급
(사)한국학원총연합회 의왕시 학원연합회 운영위원
現) 주은혜음악학원장

남정인
중앙대학교 대학원 창업경영 전공

임승근

중앙대학교 대학원 문화예술경영 전공

평택시의회 5대 의원 역임

現) 평택시의회 6대 의원

민주평화통일 자문회의 자문위원

제4회 UN실크로드 메이어스포럼 조직위원회 위원

경기도 전문건설 대표위원

평택시의회 5대 후반기 산업건설 위원장

평택시 환경연합회 고문

수원지방법원 평택지원 민사 및 가사조정위원회 위원

평택시 교육발전협의회 의원

김덕용

중앙대 대학원 기업경영 전공

前) 한국능률협회인증원 팀장 역임

(주)한국품질안전연구소 소장 역임

現) (주)ICR인증원 대표이사 한국증권신문 신문사 고문